Für
Timo Penttilä
unserem Lehrer und Freund
und seiner Sicht auf Mensch und Architektur

.

Diagonale Strategien
Berger+Parkkinen Architekten

Diagonale Strategien
Berger+Parkkinen Architekten

August Sarnitz (Hg.)
Francisco Barrachina Pastor

Birkhäuser
Basel

Inhalt

Vorwort
August Sarnitz

»Architecture needs to start from an idea« ist die Aussage von Berger+Parkkinen in der Publikation »40 under 40«, einer Dokumentation zu jungen Architekturbüros in Finnland, publiziert im Jahr 2002.

Mit diesem Postulat positionieren sich Alfred Berger und Tiina Parkkinen in der Tradition der künstlerischen Intellektualität und des Idealismus – wo die Gedankenwelt über der realen Welt steht.

Die Idee – altgriechisch »idéa« –, verstanden als Gestalt, Erscheinung, Aussehen oder Urbild, hat sehr unterschiedliche Konnotationen im philosophischen und künstlerischen Umfeld. Spätestens seit der Neuzeit definierte René Descartes die »Idee« im weitesten Sinne als Bewusstseinsinhalt jeglicher Art. Es liegt also im Interesse des Architekten oder der Architektin, diese »Idee« näher zu definieren und die Gedanken zu formulieren, nach denen man zu handeln gedenkt – die Idee als Handlungsanweisung.

Dem Begriff der »Idee« wohnt daher auch die Bedeutung des Planes und der Absicht inne, also eine sehr architektonische Qualität.

Projekte bei Berger+Parkkinen durchlaufen einen intensiven Verwandlungsprozess – die Bewertung und Neu-Bewertung planerischer Aspekte führt zu einer charakteristischen Gestalt und zu einer materialorientierten Umsetzung. In diesem Sinn respektieren Berger+Parkkinen die Gottfried Semper'sche »Bekleidungstheorie«, die Materialität ist ein wesentlicher Aspekt ihrer Architektur.

Zwei weitere Aspekte begleiten die Projekte des Architekturbüros: die soziale Komponente und die Darstellung des Innenraums als primäre Qualität der Architektur – ganz im Sinne von August Schmarsow und seinem Diktum von der Architektur als Raumkunst.

Bei Berger+Parkkinen tritt die soziale Komponente in der Architektur immer als raumbildende Figur auf, als integraler Bestandteil des Entwurfs: als Begegnungszone und als Platzraum bei den Nordischen Botschaften in Berlin, als Loggien beim Eissportzentrum

Wien, als Innenhof bei der Fachhochschule in Hagenberg oder als offene Treppenanlage beim Holzwohnbau in Wien-Aspern.

Viele gebaute Architekturen kennt man nur als Objekte mit Fotos der Fassade, weil die Innenräume oft nur sehr bescheidene Qualitäten aufweisen. Bei Berger+Parkkinen ist genau das Gegenteil der Fall. Hier kommt dem Innenraum eine zentrale Bedeutung zu, nicht nur bei der Dokumentation ihrer Projekte, sondern auch im Prozess der Wettbewerbe. Ein besonders schönes Beispiel liefert der Wettbewerb für das Paracelsusbad samt Kurhaus in Salzburg. Mittels einer großen Innenraumperspektive mit Blick auf das Wasser und die Burg Hohensalzburg (als Wahrzeichen der Stadt und als eine der größten erhaltenen Burgen in Europa) verankert der Entwurf dieses Bad mit dem Topos der Stadt. Die Besucher des Schwimmbads haben einen direkten Bezug zur Stadt: Sie schwimmen nicht im Irgendwo oder Nirgendwo – sondern in der Stadt Salzburg. Mit der intelligenten Positionierung des Schwimmbads in den oberen Etagen re-interpretieren Berger+Parkkinen die natürliche

Paracelsusbad, Badeebene, Salzburg 2012–2019

Die Studierenden Mario Kaya, Julian Nocker, LMVDR Animated Collage (Vorlage: Ludwig Mies van der Rohe, Collage für Resor House, 1939), HTC-Entwurfsstudio Building the Design 2012/13, Angelika Schnell, Eva Sommeregger, IKA, Akademie der bildenden Künste Wien.

Situation des Wassers: Das Wasser fließt mit Gefälle immer zu dem niedrigeren Niveau – der »Bergsee« ist die Ausnahme, das Meer die Nulllinie des Wassers. Mit dem künstlichen »Bergsee« mitten in Salzburg wird die Qualität des Topos über die traditionelle Typologie des Hallenbads gestellt.

Bei der Darstellung ihrer Idee zeigen Berger+Parkkinen auch ihre architekturhistorischen Kenntnisse. Als Mies van der Rohe seine Entwürfe für das Resor House (1937–1939), Jackson Hole, Wyoming, vorstellte, definierte er die Qualität des Hauses primär durch den »Ausblick« auf die Landschaft und erklärte die Situation durch ein großes Architekturmodell. Seine Präsentationszeichnungen »rahmten« den Ausblick in die Landschaft. Die Qualität der Architektur bestand darin, das Haus mit dem Topos zu verbinden und die optimale Verankerung des Gebäudes zu finden. Mies verwendete für die Collage für das Resor House eine Reproduktion von Paul Klees »Colorful Meal«. Der Betrachter der Zeichnung befindet sich im Innenraum und blickt auf Reiter, die sich auf dem Gelände der Ranch aufhalten.

Berger+Parkkinen verwenden eine ähnliche Strategie, um die Idee und Qualität des Paracelsusbads zu vermitteln: Die wichtigste Innenraumdarstellung zeigt die Verankerung des Gebäudes in der urbanen Landschaft von Salzburg mit dem historischen Blick auf die Burg und verbindet auch bewusst die Jahreszeiten mit der Nutzung des Wellnessbereichs.

Die Architektur entwickelt ein Potenzial der positiven Darstellung – die ideelle Verbindung zwischen Außenraum und Innenraum sowie einen konstruierten Blick im Sinne des »Landschaftsfensters«.

Essay
Diagonale Strategien
Berger+Parkkinen Architekten

Francisco Barrachina Pastor

*Schönheit heute hat kein anderes Maß als die Tiefe, in
der die Gebilde die Widersprüche austragen, die sie
durchfurchen und die sie bewältigen einzig, indem sie ihnen
folgen, nicht, indem sie sie verdecken.*

Theodor W. Adorno, Funktionalismus heute

Erinnerungen

Kindheitserinnerungen an einen finnischen Birken-
wald, an ein Zimmer mit Ausblick auf die schneebedeck-
ten Gipfel rund um Salzburg, eine aufschlussreiche
Studienreise durch Nordafrika, die Formen eines isla-
mischen Gitterwerks, Mozarts Klavierkonzert Nr. 21,
die unendliche Pracht des Narthex einer romanischen
Kirche in Südfrankreich, eine einsame Scheune, deren
Umrisse im Morgennebel verschwimmen. Architektur kann Gedanken, Erfahrungen und Gefühle formen
und in Räume verwandeln; sie kann Vergangenes in
einer fassbaren, gebauten Form ausdrücken. Architekten geben gerne Dingen die sie gesehen oder erlebt
haben, und die sie unbewusst in ihrem Gedächtnis ge-
speichert haben, eine zweite Chance. Sie streben häufig nach einer Architektur, die aus einer Sammlung
von Fragmenten entsteht und Übereinstimmungen und

Widersprüche zwischen Dingen, Orten und Erinnerungen zulässt.

Die überzeugendsten und fesselndsten Projekte sind nicht unbedingt jene, die unter dem Einfluss einer einzigen gebauten Referenz oder einer bestimmten Fallstudie entstehen, sondern auch solche, die aus dem Versuch entstehen, Unregelmäßigkeiten anzufügen und zufällige Verbindungen zwischen Tatsachen, Erinnerungen und Ideen einzubeziehen. Architektur kann wahrscheinlich nur aus einer starken Idee entstehen. So erklären die Architekten Alfred Berger und Tiina Parkkinen, dass »die Architektur zu verlassen der vielleicht beste Weg ist, um zur Architektur zu finden«.

Obwohl weder die weiten Ebenen Finnlands noch die raue Gebirgsregion des Salzburger Landes allein als Keimzelle der Architektur von Alfred Berger und Tiina Parkkinen betrachtet werden können, ist es sicher hilfreich zu wissen, dass diese diagonal entgegengesetzten Landschaften den Charakter der beiden Gründer dieses Wiener Büros geprägt haben.

Tiina Parkkinen wurde in Wien geboren, wuchs aber in Finnland auf, wo sie auch den größten Teil ihrer

Jugend verbrachte; sie ist die Tochter einer österreichischen Mutter und eines finnischen Vaters – des Architekten Risto Parkkinen, der eine Reihe bemerkenswerter Projekte entworfen hat, darunter die Finnische Nationaloper in Helsinki. Tiina war also schon früh mit der Architektur vertraut, und die Entscheidung, nach Österreich zurückzukehren und an der Akademie der bildenden Künste ein Architekturstudium aufzunehmen, war ein naheliegender Schritt. Tiina erklärt selbst, dass sie ihr ganzes Leben von Architektur begleitet war.

Alfreds Interesse für Architektur begann ebenfalls in sehr jungen Jahren. Er wurde in Salzburg geboren und wuchs dort auf; seine Familie besaß mütterlicherseits starke Verbindungen zur französischen Kultur. Sein Vater war ein angesehener österreichischer Arzt mit einem regen Interesse für Musik und bildende Kunst. Ermutigt von seiner Familie folgte Alfred seiner Berufung und begann, an der Wiener Akademie der bildenden Künste Architektur zu studieren. Dort lernte er Tiina kennen, die wie er in der Meisterschule des bekannten finnischen Architekten Timo Penttilä studierte. Nach seinem Abschluss ging Berger eine kurze, aber erfolgreiche Partnerschaft mit seinem Studienkollegen Werner Krismer ein. In dieser Zeit war er zudem Assistent Penttiläs an der Akademie und arbeitete mit ihm an einer Reihe öffentlicher Wettbewerbe zusammen, ehe sie beschlossen, die Partnerschaft aufzulösen[1].

Nach dieser Zeit begann Alfred mit Tiina in einer neuen, dauerhaften Partnerschaft zu arbeiten.

Gleich zu Beginn eröffneten sie zwei Büros in Wien und in Helsinki, womit das Büro von Anfang an keinen Zweifel an seiner internationalen Ausrichtung ließ.

In den letzten beiden Jahrzehnten stellte dieses österreichisch-finnische Architektenteam beständig die vorherrschenden Strömungen der Architektur und einige ihrer grundlegenden Credos in Frage. Eine Art »diagonale« Beziehung zwischen Ort und Gebäude ist ein besonderes Merkmal ihrer Architektur; ein Dialog, der in der Lage ist, ein Gefüge zufälliger und unerwarteter Verbindungen mit sozialen, kulturellen, historischen, kontextuellen und programmatischen Aspekten zu generieren.

Die Arbeit des Büros ergründet sorgfältig die komplexen Beziehungen, die zwischen dem zeitgenössischen

1   Diese Zusammenarbeit zwischen Alfred Berger, Timo Penttilä und Werner Krismer wird detailreich in dem Buch von Roger Connah, *The School of Exile. Timo Penttilä, for and against architecture theory.* Datutop 33, Tampere, 2015, erläutert.

Eingriff und dem Gedächtnis des Ortes bestehen.
Diese Strategie impliziert in der Regel einen inneren
Widerspruch und das Entstehen einer Art »Neben-
richtung« (»vice-direction«)[2] in strukturalistischer
Terminologie. Bei diesem Vorgang gibt es immer zwei
Phasen: zunächst eine Phase der Auswahl, die sehr
auf die Kräfte des Ortes reagiert und bei der Aspekte,
die mit dem Kontext zusammenhängen, bestimmt
werden. Daran schließt sich die zweite Phase der bewussten Nichtberücksichtigung, in der einige dieser
Aspekte mit Absicht ausgelöscht werden. Das *Vergessen*
erscheint hier als eine positive Fähigkeit der aktiven
Beschränkung im Bergson'schen[3] Sinne des Worts.
Eine derartige Strategie impliziert also die Verschrän-
kung eines Willens zur Kontinuität (das Projekt in
seinem Kontext zu verwurzeln) mit einem Bedürfnis
nach Diskontinuität (den Akt des Schaffens zu legitimieren). Auf der einen Seite zeigen sich Zeichen des
Respekts für den Kontext oder des Kompromisses mit
ihm; auf der anderen aber Zeichen der Vereinzelung,
die seine Fortdauer bedrohen – beide Intentionen
manifestieren sich zur selben Zeit und am selben Ort

2   G. Deleuze, *Le pli Leibniz et le Barroque*, Paris, Les éditions
de Minuit, 1988, S. 79. (deutsch: *Die Falte. Leibniz und der Barock.*
Frankfurt am Main, 2000). Anders als der »Widerspruch«, der nur ein
logisches Prinzip ist, ist die »vice-direction« nach Gilles Deleuze der
Motor einer echten dialektischen Bewegung.
3   Für Henri Bergson ist das Vergessen das Resultat einer aktiven
Auswahl von Erinnerungen, die für das gegenwärtige Handeln des Sub-
jekts nutzlos sind, wie er in seinem Buch *Maerie und Gedächtnis* (1896)
ausführte. Tzvetan Todorov leistet in seinem Buch *Mémoire du mal,
tentation du bien* (2000) einen neueren, ebenso interessanten Beitrag zu
diesem Thema. Nach ihm bildet das Vergessen keinen Gegensatz zur
Erinnerung. Das Erinnern ist allezeit eine aktive Interaktion zwischen
dem Vergessen (Auslöschen) und der vollständigen Bewahrung. Damit
lässt sich das Vergessen als eine aktive Kraft bei der Ausformung und
Gestaltung der Erinnerungen verstehen.

und werden mit gleicher Stärke in ihren diagonal entgegengesetzten Richtungen verteidigt.

Die Materialisierung dieser dialektisch entgegengesetzten Kräfte scheint den größten Teil der architektonischen Arbeit von Berger+Parkkinen zu prägen. Die Spannung, die durch diese Kräfte erzeugt wird, tritt häufig dramatisch in Zwischen- oder Übergangsräumen zutage, wo sich eine interessante Abfolge aus Vorhersagbarem und Unerwartetem entwickelt.

Sehr oft manifestiert sich der Bruch im wortwörtlichen Sinne: Beim oszillierenden Spiel der Gegensätze ist dieses Thema unausweichlich. In der Regel wird kein Versuch unternommen, aus der Koexistenz dieser kontrastierenden Paare so etwas wie eine Synthese zu gewinnen; ihre Architektur scheint über diese Dualität hinauszugehen und nach etwas anderem zu suchen als einer schlichten Balance zwischen den Teilen; einer Versöhnung oder einem glücklichen Mittelweg, der am Ende zu einem teilnahmslosen Punkt führen würde. Diese Logik der Ergänzung durch Kontrast strebt vielmehr danach, das Eine mithilfe des Anderen zu überwinden, was bedeutet, dass beide Momente unausweichlich miteinander verschränkt sind und sich wechselseitig stärken.

Ich wünschte, dass Orte existierten, die stabil, unbewegt, ungreifbar, unberührt und nahezu unberührbar, unveränderlich und tief verwurzelt wären; Orte, die Bezugspunkte, Punkte des Aufbruchs oder des Ursprungs sein könnten.
Georges Perec, Espèces d'espaces

Kulisse für das städtische Leben

James Gowan vertrat die Idee, dass jedes neue Gebäude eine Variante von zwei Grundtypen darstelle, der Burg und des Pavillons[4]: Während die erste geschlossen und zeitlos ist, ist die zweite offen und modisch. Viele Gebäude sind tatsächlich Kreuzungen zwischen diesen beiden Typen, und die Nordischen Botschaften in Berlin (1995–1999) gehören zweifellos dieser uneindeutigen Kategorie an. Das Projekt fand von Anfang an breite internationale Beachtung[5]. Es wurde als eine der spannendsten und faszinierendsten architektonischen Leistungen des späten 20. Jahrhunderts begrüßt und als von oben gesehen (Google Earth gab es noch nicht) eines der fotogensten Projekte gepriesen. Hierbei muss daran erinnert werden, dass Berlin als Stadt zu jener Zeit die wohl größte Baustelle

4   J. Gowan, *Style and configuration*, New York: St. Martin's Press, 1994, S. 58. James Gowan (1923–2015) war ein postmoderner schottischer Architekt, der für seine Projekte in Zusammenarbeit mit James Stirling bekannt ist, z. B. die Ingenieurslaboratorien der University of Leicester.

5   Das Projekt wurde weltweit publiziert, vielfach preisgekrönt und ausgestellt (u. a. Biennale di Venezia 2004, Finalist Mies van der Rohe Award 2001).

der Welt war, in einem Ausmaß Beachtung fand wie kein anderer Ort und damit ein ideales Schaufenster war, um öffentlich wahrgenommen zu werden.

Zu den vielen Leistungen dieses gefeierten Projekts, das Berger+Parkkinen breite Anerkennung brachte, gehört vor allem auch die wesentliche Rolle, die das Gebäude bei der Herausbildung und Entwicklung einer skandinavischen Identität bildete, durch die es fast zu einer Ikone der nordischen Kultur und zu einem paradigmatischen, vielbeachteten Beispiel dafür wurde, wie moderne Architektur zur Entwicklung eines kollektiven Gedächtnisses und einer transnationalen Identität beitragen kann.[6]

Auf den ersten Blick macht das Gebäude einen Eindruck, als wäre es gewebt – ein Merkmal, das an die Aussage Gottfried Sempers[7] in seiner berühmten Abhandlung *Die vier Elemente der Baukunst* erinnert, wo er erklärt, dass der Ursprung der Fassade eng mit der Kunst des Webens zusammenhinge. Eine zugespitzte Doppeldeutigkeit zeigt sich an dieser Fassade: zum einen insistiert sie auf dem festen und starren Charakter des Kupferbands, zum andern zeigt sich in

6   Das Thema der nordischen Architektur und Identität wird meisterhaft behandelt in dem von K. Kjeldsen herausgegebenen Buch *New Nordic – Architecture and Identity*, Louisiana Museum of Modern Art, 2012.
7   Gottfried Semper (1803–1879) war ein deutscher Architekt, Kunstkritiker, Theoretiker und Professur für Architektur, der neben anderen berühmten Bauten u. a. die Dresdner Semperoper und das Wiener Burgtheater entwarf.

der Aufmerksamkeit auf Details eine textilienartige Feinheit. Die starke physische Präsenz dieses Elements erinnert irgendwie an die undurchdringlichen Wälder auf Bildern von Max Ernst[8], der dafür die Technik der Grattage verwandte. Ebenso deutlich erkennbar sind Bezüge auf die verpackten Gebäude von Christo und Jeanne Claude[9].

Diese körperliche Eigenschaft der Fassade, die als eine vereinheitlichende Haut und als eine Kulisse für das städtische Leben fungiert, ist bezeichnend für die erste Phase der Architektur von Berger+Parkkinen. Dieses Merkmal findet sich auch in anderen frühen Projekten des Büros, zum Beispiel bei der Zentralbibliothek in Turku (1998), dem Projekt auf der Île Seguin in Paris (2004), oder bei dem Wettbewerbsentwurf für das Musiktheater (MUMUT)[10] in Graz (1998). All diese Projekte beschäftigen sich auf die eine oder andere Art mit der Neuinterpretation langlebiger Elemente der Architekturgeschichte wie der Fassade, dem monumentalen Eingang oder dem Portikus. Bei dem Berliner Projekt gestalteten die Architekten ein Band mit optischen, räumlichen und gefühlsmäßigen

8   Max Ernst (1891–1976) war ein deutscher Maler des DADA und des Surrealismus. Die von ihm erfundene Technik der Grattage beinhaltet das Abkratzen von Farbe von der Leinwand, wodurch sich unter der Farbe befindliche Objekte abzeichnen.

9   Christo Vladimirov Javacheff und Jeanne-Claude (1935–2009) waren ein Künstlerpaar, das weithin für seine Werke der Environment Art bekannt war. Eines ihrer berühmtesten Projekte war die Verpackung des Berliner Reichstags im Jahr 1995.

10   Die gefaltete Holzfassade des MUMUT wurde in Zusammenarbeit mit dem österreichischen Komponisten Christoph Cech entwickelt. Sie besteht aus zwölf ebenen Flächen, die von schmalen Glasschlitzen unterbrochen sind, welche nach Arnold Schönbergs Zwölftonsystem verteilt sind. Das Prinzip des Komponierens mit zwölf Tönen gehört zweifellos zu den wichtigsten österreichischen Beiträgen zur modernen Musik.

Eigenschaften aus primären, elementaren Materialien.
Die Entscheidung, dieses metallische Band als
Symbol des Zusammenhalts gerade an diesem Ort zu
verwenden, an dem Grenzen und eiserne Vorhänge
immer noch starke historische Konnotationen besaßen,
war zu jener Zeit sehr gewagt. Hier vereint die
Mauer, statt zu trennen; sie erschafft ein Ortsgefühl,
kein aus Unterdrückung hervorgegangenes Nie-
mandsland, wie Liane Lefaivre in ihrer Analyse des
Projekts klug hervorhob[11]. Trotz der Dimensionen des
Projekts – das einen ganzen Stadtblock einnimmt –
erzielt es eine gewisse Bescheidenheit; die subtile
Massenverteilung und die Primärmaterialien vermitteln
den Eindruck, dass die Architektur nicht größer sein
will als die Bäume des umliegenden Tiergartens.
Das fast organisch wirkende Kupferband mit seinen
starken haptischen Qualitäten erscheint ebenfalls
wie eine bewusste Reaktion auf diese spezifische Umgebung. Durch einen Prozess der abwechselnden
Ausdehnung und Zusammenziehung wird das Projekt
zu einer fließenden, zweideutigen räumlichen
Komposition, einem architektonischen Körper, gewirkt

11   L. Lefaivre, *A. Tzonis, Critical Regionalism, Architecture and
identity in a Globalized World*. München: Prestel, 2003, S. 88.

aus Bewegungen, Beschleunigungen und Pausen.
Dieser raffinierte, durchdachte Dialog mit der Umgebung macht es anregend, in dem Komplex herumzulaufen und die sich ständig verändernden Beziehungen wahrzunehmen.

Von innen erweist sich die Beziehung zwischen dem Gebäude und seiner Umgebung als gleichermaßen angemessen: die Umgebung wird auf unterschiedlichen Ebenen eingerahmt mit abwechselnd verschiedenen Graden der Transparenz. Das Motiv der Lücken, die Ausblicke zwischen den Gebäuden gewähren, kehrt im Werk von Berger+Parkkinen immer wieder. Das Einrahmen des Blicks arbeitet in beide Richtungen: der Ausblick in den Tiergarten wird umrahmt, aber vom Tiergarten aus auch der Blick auf die Arbeitsaktivitäten, die Menschen, die in ihren Büros arbeiten, sich auf den Fußwegen unterhalten, in der Kantine essen oder sich draußen auf der Terrasse entspannen. Man weiß, dass eine Aktivität durch Einrahmung zu etwas Anderem wird, nämlich einer Repräsentation – alle werden gewissermaßen zu Schauspielern. Auch dies ist ein altes Thema der Architekturgeschichte: das

Gebäude als Rahmen für menschliche Aktivitäten. Berger+Parkkinen erfassten schnell die Essenz des Ortes und die Spannungen zwischen der Tiergartenseite, wo die Hülle sich eher lakonisch gibt, und der Südseite mit ihrem städtischeren Charakter, wo das Kupferband abrupt aufhört. Durch diesen Bruch wird das Projekt urplötzlich extrovertierter. Die Außen- und die Innenseite werden zu separaten Projekten, die eine vermittelt der Stadt den illusorischen Eindruck der Einheit eines Bezugsobjektes, die andere zeigt sich als eine Gruppierung fragmentierter Einheiten, die programmatischen Zufälligkeiten genügen. Die Dialektik und Spannung zwischen Gegensätzen – leer und voll, transparent und opak, massiv und leicht, autark und kontextgebunden, dezent und deutlich – setzt sich auch im Inneren fort, wo die gebauten Elemente aus einem soliden Ganzen herausgeschnitten sind: Eine Spannung der Leere hängt zwischen den Gebäuden wie eine dauernde Erinnerung an dieses Ganze. Die in einen offenen Raum transformierte Leere teilt sich mit und liefert gleichzeitig die nötige Distanz für die spezifische Position der fünf

Botschaften. Diese intermediären Räume[12] stellen eine
Einladung dar, darüber nachzudenken, was gemeinsam und was individuell ist. Das Felleshus[13], direkt am
Eingangsbereich, besitzt eine prominente Position
und spielt in dem Komplex eine strategische Rolle.
Es ist für die Öffentlichkeit zugänglich und für kultu-
relle und künstlerische Aktivitäten bestimmt; pro
Jahr empfängt es mehr als hunderttausend Besucher.
Das Gebäude enthält auch die Konsulate der fünf
skandinavischen Länder sowie andere gemeinsame Einrichtungen. Innerhalb des Gebäudes bleibt die Tren-
nung zwischen Konstruktion und Programm sichtbar.
Einige aufbrechende Lösungen, zum Beispiel die
Idee, eine Säule in die Mitte eines Badezimmers zu
platzieren, betonen den Sinn für unerwartete Diskonti-
nuitäten und verraten eine gewisse Lust am Spiele-
rischen. Das Motiv der einzelnen Säule inmitten
intimer, enger Räume taucht Jahre später als Marken-
zeichen in den Wiener Wohnprojekten der Architekten
oder bei ihrer Zugangsrampe zu der nahe bei Linz
in Oberösterreich gelegenen Fachhochschule Hagenberg
wieder auf. Die Säule wird hier präsentiert, als wäre

12   Nach der Definition, die J. Alban und T. Florian in ihrem Buch
*Fundamental Concepts of Architecture, The Vocabulary of Spatial Situa-
tions*, Basel: Birkhäuser, 2014, vorschlagen, müssen in »intermediären
Räumen« die Merkmale von Innen und Außen, Körper und Raum,
Abgeschlossenheit und Offenheit, Privat und Öffentlich keine unversöhn-
lichen Gegensätze darstellen, sondern die eine Eigenschaft lässt sich
mithilfe ihres Widerparts durch Reziprozität verwirklichen.
13   »Haus für Alle« auf Dänisch.

sie etwas Zweckloses, ein herumwanderndes Element ohne Konsistenz, in klarem Gegensatz zu der Vorstellung von konstruktiver Starrheit, die man üblicherweise mit ihr verbindet. Diese kontrastierenden Elemente scheinen sich innerhalb des Gebäudes zu entwickeln wie etwas, das seiner Bedingung inhärent ist, und keineswegs als Momente, die bewusst eingefügt wurden, um Konflikte hervorzurufen. Als Ganzes betrachtet ist das Gebäude ein hervorragendes Stück Städtebau, eine Stadt in der Stadt, wie Klaus Dieter Weiß[14] bemerkte, oder eine inspirierte urbane Zelle, die hier in aktualisierter Form zurückgreift auf das Konzept der »Berliner Inseln«, das Oswald Mathias Ungers[15] in seinem Buch *Berlin: ein grünes Archipel* entwickelte. Ein Gebäude, das gültig die realen Facetten des städtischen Lebens bewusst macht, die Nähen, Spannungen und Ausflüchte, die in ihrer Verschmelzung die großen Metropolen zu solch bunten, von Widersprüchen durchströmte Orte machen.

14   K.D. Weiß, *Berger+Parkkinen. Die Botschaften der Nordischen Länder*, Stuttgart: Axel Menges, 2006, S. 15.
15   Oswald Mathias Ungers (1926–2007) war ein deutscher Architekt und Architekturtheoretiker, der für seine rationalistischen Entwürfe bekannt war. 1977 schrieb er das einflussreiche Buch: *Die Stadt in der Stadt: Berlin: ein grünes Archipel*, ein Manifest, das ein neues Modell für die »schrumpfende Stadt« einforderte und sich für die Idee einer dichten, polyzentrischen Stadt aussprach.

Die Erinnerung ist wie ein sehr dummer Hund:
Man wirft ein Stöckchen, und er bringt irgendeinen
alten Gegenstand zurück.
    Ray Loriga, okio ya no nos quiere

Cadavre exquis

Die Architektur ist wahrscheinlich die fachliche Tätig-
keit, die das komplexeste Verhältnis zur Vergangenheit
besitzt. Denn zweifellos gibt es keine andere, in der der
Ausgleich zwischen früheren Konfigurationen und
aktuellen Bedürfnissen eine größere Herausforderung
darstellt. Die beiden Projekte, die Berger+Parkkinen
für die Residenz der Königlich Norwegischen Botschaft
(2004–2007) im Wiener 19. Bezirk und für ihr eigenes
Wohnhaus (2002–2005) im 13. Bezirk derselben Stadt
ausführten, sind zwei außerordentliche Beispiele, die
diese widersprüchlichen, paradoxen Beziehungen zur
Vergangenheit zeigen. In beiden Fällen bestand die
Aufgabe darin, ein historisches Gebäude zu renovieren
und die Wohnung gemäß den Bedürfnissen unserer
Zeit neu zu konfigurieren. Beide Projekte spielen mit der
Idee der Hauttransplantation, und interessanterweise
verwenden beide ein eingefügtes verglastes Volumen,

das die Treppe enthält, dazu, die Konfiguration des bestehenden Gebäudes zu verrücken, seine Grenze zu verlagern und eine Sichtbeziehung zum Hintergarten herauszuarbeiten. In beiden Fällen setzt der direkte Kontakt zwischen dem Neuen und dem Alten ein Spiel der Gegensätze frei, ohne dass es eine Synthese gäbe; es findet nur eine Art surrealistisches Zusammentreffen statt, ein architektonischer *cadavre exquis*[16].

Bei dem Wohnhaus in Hietzing[17], Wiens 13. Bezirk, sahen die Architekten zwei Erweiterungen zu beiden Seiten eines traditionellen Winzerhauses vor, um das Haus aus dem 19. Jahrhundert zu erweitern und an moderne Nutzung anzupassen. Die westliche Erweiterung bestand in einem außergewöhnlichen, gewölbten Raum, der als Wohnzimmer fungiert, einer brillanten Interpretation vernakulärer mediterraner Architektur mit deutlichen Anklängen an die Architektur Le Corbusiers und einer fast marokkanischen Anmutung. An der Ostseite wurde ein paar Jahre später eine weitere Erweiterung fertiggestellt. Hier sahen die Architekten ein holzverkleidetes, dreistöckiges Volumen vor, das an eine traditionelle Scheune erinnert und den Eindruck des alten Bauernhauses komplettieren sollte. Angesichts der

16   Der »cadavre exquis« ist ein von den Surrealisten erfundenes Kompositionsverfahren, bei dem von einer Gruppe Bilder und Worte ohne erkennbaren Zusammenhang gesammelt und zusammengesetzt werden.

17   Hietzing ist der 13. Wiener Stadtbezirk, ein Areal mit vielen Wohnbauten, darunter einer großen Zahl repräsentativer Werke von Meistern der Architektur des 20. Jahrhunderts wie Adolf Loos, Josef Hoffmann oder Joseph Maria Olbrich. Zu dem Bezirk gehören auch große Gebiete des Wienerwalds sowie Schloss Schönbrunn.

Tatsache, dass noch bis zur Mitte des vergangenen Jahrhunderts diese Gegend zwischen den Toren Wiens und
den ersten Ausläufern des Wienerwalds intensiv land-
wirtschaftlich genutzt wurde, verrät diese typologische
Anbindung einen klaren Standpunkt gegenüber dem
Kontext mit viel Sympathie für das Gedächtnis des Ortes.
Das Gebäudeensemble gruppiert sich geordnet um
einen zum Garten hin offenen Hof. Obwohl es eine
deutliche formale Ähnlichkeit zu mediterranen Hofhäu-
sern gibt, ist der geschlossene Eindruck hier in Wien
nicht so sehr den klimatischen Bedingungen geschuldet,
sondern dem Bedürfnis nach einem freundlichen, aber
wirksamen Schutz vor indiskreten Einblicken. Der reiche
Einsatz verschiedener Arten von Filtern unterstreicht
diese introspektive Facette, besonders bemerkenswert bei
der Lösung in der zweiten Etage mit der Sauna. Dort
erfüllt das Holzgitterwerk meisterhaft seinen Zweck,
ist für den Blick von außen nahezu undurchdringlich
und gewährleistet damit die Privatsphäre in den Innen-
bereichen, lässt aber gleichzeitig Tageslicht oder bei
Nacht die Straßenbeleuchtung gefiltert ins Innere
dringen. So können die Nutzer der Sauna in die Umgebung hinausblicken, ohne selber gesehen zu werden;

aufgrund der hohen Lage reicht der Ausblick bis in die umliegende Landschaft.

Beim Durchgang durch das Gebäude wechseln verborgene und freiliegende Elemente ab. Paradoxerweise ist der verglaste Eingangsbereich, den man als den ersten und explizitesten Übergangsraum erwarten würde, von außen kaum wahrnehmbar. Er ist als ein Keil zwischen dem Altbau und der östlichen Erweiterung konzipiert, der einen Dialog zwischen diesen beiden gegeneinandergestellten Volumina herstellt. Als Resultat dieser Dialektik springt das neu Volumen gegenüber dem Altbau zurück, um eine schmale, geschütztere Schwelle zu bilden. Das kann auch als ein Zeichen des Respekts verstanden werden: das eindringende Objekt tritt einen Schritt zurück als anerkennende Geste gegenüber dem alten Gebäude, das schon immer dort war.

Das Projekt stellt eine unaufhörliche Spannung zwischen den verschiedenen Teilen zur Schau. Auf der einen Seite erkennen wir die Energie, die darauf verwandt wurde, das Gebäude auf den »Genius loci« zu beziehen, aber gleichzeitig stellen wir fest, dass ebenso viel Energie in entgegengesetzter Richtung darauf verwendet ist, um das Neue von jenen Richtlinien abzusetzen.

Auf der einen Seite bemerken wir die Zeichen eines Kompromisses mit einem Ort und seiner vernakulären Architektur und auf der anderen eingeführte, selbsterklärende Elemente, die dessen Kontinuität in Frage stellen. Die gleiche konstante Abfolge von Übereinstimmungen und Nichtübereinstimmungen ist auch das leitende Konzept bei der Wiederherstellung der Residenz der Norwegischen Botschaft in Döbling[18], Wiens 19. Stadtbezirk. Hier gibt es einen expliziten Kontrast im Übergang von einer makellosen, eleganten Vorderfassade zu einer erodierten, aufgebrochenen Rückseite. Große Anstrengungen wurden unternommen, um die historische Konfiguration dieser Jugendstilvilla, die im Verlauf der Jahre vollständig überformt worden war, nach den originalen Grund- und Aufrissen zurückzugewinnen. Dieser extrem respektvolle Umgang mit der Vorderfassade steht in entschiedenem Gegensatz zur Herausstellung eines Anti-Kontextualismus bei der Gartenfassade. Diese Seite wird von der dramatischen Öffnung einer spiralförmigen, von Spiegeln gesäumten Treppe bestimmt. Hier verschwimmen die Grenzen; die Linien, die den Raum definieren, verschwinden in einer Weise, die an die berühmte Spiegelkabinettszene aus *Die Lady*

18   Döbling ist der 19. Wiener Stadtbezirk. Er liegt nördlich der Innenstadtbezirke und grenzt an den Wienerwald. In Döbling wechseln dicht bevölkerte Areale mit Großprojekten des sozialen Wohnungsbaus wie dem berühmten Karl-Marx-Hof mit anderen, weniger dicht bebauten und exklusiveren Wohnvierteln wie Grinzing, Sievering, Neustift am Walde oder dem Cottageviertel ab.

aus Shanghai[19] erinnert, wo Spiegelbild und Realität unauflöslich verschmelzen. Das zweite aufbrechende Element ist ein abstraktes Volumen, das sich längs des Gartens wie ein biegsames Origami entfaltet, eine herrlich leichte Konstruktion aus Stahl und Holz mit einer Kupferverkleidung, hinter der sich ein Speisezimmer für 20 Gäste verbirgt. Zwei Eingriffe, die das alte Gebäude von vielen Einschränkungen befreien und zugleich weite expressive und funktionale Möglichkeiten eröffnen, gestatten einen fließenderen Übergang zwischen dem Haus und dem Garten.

Wiederum ist es von großem Interesse, die Dichotomie wahrzunehmen, in der sich ein starker Wille zur Bewahrung, ein fast archäologisches Verlangen zur Freilegung und zum Schützen auf der einen und ein Wille zur Diskontinuität gegenüberstehen, der sich in gleicher Stärke, aber in entgegengesetzter Richtung manifestiert. Der Eingriff steht also nicht unter dem alleinigen Zeichen der Kontinuität oder Diskontinuität; er ist weder allein das Eine noch das Andere, sondern beides zu gleicher Zeit, am gleichen Ort und mit gleicher Stärke und beweist damit, dass je stärker überlappende Schichten die Architektur verstören, ihre Interpretationen umso reicher ausfallen.

19   Der auf dem Roman *If I Die Before I Wake* von Sherwood King beruhende Film wurde 1947 von Orson Welles gedreht. Legendär wurde die Schießerei in einem Spiegelkabinett voller falscher und echter Spiegelbilder.

*In Bezug auf das Äußere der Natur ist alles Menschen-
werk ein Inneres.*
    Cristian Norberg-Schulz,
    Architecture: Presence, Language and Place

Hügel des Lernens

Ein charakteristischer Wesenszug der Architektur von
Berger+Parkkinen besteht seit je in der Aufmerksamkeit, die der Landschaft sowohl in Hinblick auf ihre
topografischen Besonderheiten als auch auf ihre physischen und sensorischen Elemente gezollt wird. Das
Projekt für die in der Nähe von Linz in Oberösterreich
gelegene Fachhochschule Hagenberg (2002–2005)
ist sehr von diesem Doppelgesicht der Landschaft geprägt. Analogien spielten zu Beginn der Arbeit eine
wichtige Rolle: Die Form des Gebäudes ist direkt von
den traditionellen, vierseitigen Bauernhäusern (Vier-
kantern) inspiriert, die für diese raue Region Österreichs
charakteristisch sind – eine Wahl, in der sich die
Werte dieses äußerst engagierten Architektenteams
deutlich widerspiegeln.
Auf dem Grundriss wirkt das Projekt so starr und nach
innen gewendet wie die Typologie, von der es inspiriert

ist; im Aufriss oder Schnitt ist der Eindruck aber ein ganz anderer – das Gebäude erscheint als eine Zusammenstellung hoher, verbundener Volumina, die der Umwelt gegenüber vollständig offen und durchlässig ist. Die Schlichtheit des Grundrisses und die Komplexität des Schnittes sind Bestandteil der gleichen Projektstrategie, die dem Gebäude vielfältige Eigenschaften aus dem Kontext zuweist. (Ersteres entspricht der traditionellen architektonischen Typologie, das Zweite dem bewaldeten, abschüssigen Gelände sowie Historie und Entwicklung des Ortes.)
Steigt man die Hauptzugangsrampe hinauf, eröffnen sich neue Perspektiven; in dem Ausmaß, in dem das geschieht, gewinnt das Projekt als Ganzes neue Bedeutung. Aus der bewaldeten Umgebung führt die Rampe über eine Gruppe von Stützen, die, in Verbindung mit den aufgelagerten Volumina, deutlich an Bäume gemahnen. Dieser dramatisch aufsteigende Eingang erzeugt eine eindrucksvolle Wirkung, die Monumentalität des Aufstiegs kontrastiert zu dem Eindruck des Einbezogenwerdens, die der Hof erweckt, der plötzlich am Ende der Rampe erscheint. Auf diese Weise

kombiniert das Projekt zwei Schlüsselthemen der westlichen Architekturtradition: den *Sockel,* der dem Motiv des Einbezugs widerspricht, und den *Hof,* der dieses Motiv betont.

Die Durchlässigkeit der Einführung verblasst zusehends, während wir uns der Nordseite des Gebäudes nähern. Innerhalb des Gebäudes setzen sich die topografischen Anspielungen fort, zum Beispiel auf der Parkdeckebene, wo dank der Neigungen des Bodens das Bauwerk mit der hügeligen Landschaft verschmilzt, und ebenso beim Auditorium Maximum, wo ein dramatisch schräg gestelltes Fensterband die Interpretation dieser Ebene als eine Art geologische Spalte verstärkt. Dank dieser Öffnung bewahrt das Gebäude eine direkte Beziehung zu seiner hügeligen Umgebung. Von außen erkennen wir, dass das lange Fenster in einer umgekehrten diagonalen Beziehung zur Rampe steht, was die Anmutung der Nichtübereinstimmung betont.

Das gesamte Bauwerk ist extrem raffiniert, und fluktuiert beständig zwischen Autonomie und Kontextgebundenheit. Die Doppelnatur des Entwurfs ist auf den ersten Blick deutlich: Es gibt einen bewussten Gegensatz zwischen den erdig roten unteren Volumina, in denen die Vorlesungssäle und die technischen Räume untergebracht sind, und den oberen, im abstrakten Weiß der Moderne gehaltenen Volumina für die Labors und Büros. Dazwischen liegen die Rampe, die mit einer starken Geste eine Verbindung schafft, und das Parkdeck, welches, abgesehen von seiner funktionalen Zweckbestimmung, eine entscheidende Rolle bei der Herstellung einer aufgebrochenen Beziehung zwischen den beiden kontrastierenden Teilen spielt. Unweit von Hagenberg und ebenfalls in Oberösterreich ist das Projekt für das Linzer Musiktheater im Berg (1998) angesiedelt, das als direkt aus dem Felsen herausgehöhlt konzipiert wurde. Wegen der topografischen Bedingungen ist es von der Umgebung aus kaum sichtbar, bis zu einem bestimmten Grad von dem öffentlichen Blick verborgen, was als eine asketische Verweigerung des Exhibitionismus verstanden werden kann, den die meisten kulturellen Einrichtungen der 90er-Jahre praktizieren. Das Theater ist im wörtlichen Sinne eine Höhle, eine Tatsache von tiefer

symbolischer Bedeutung. Höhlen sind die Geburts-
stätte der Künste, darunter höchstwahrscheinlich
auch der Musik. Indem das Gebäude nicht so viel über
sich selbst aussagt, werden die Nutzer veranlasst,
eine tiefere und klarere Beziehung zur Musik und zur
Natur aufzubauen. Anders als andere scheinbar verwandte Projekte wie die halb unterirdischen Gebäude
von Emilio Ambasz[20] oder das Projekt von Eduardo
Chillida[21] in Tindaya beruht das Linzer Musiktheater
auf der starken Idee, die Höhle zu öffnen, um sie ge-
sellschaftliches Leben atmen zu lassen.

Zu den Hauptaspekten, die dieses Projekt leiten, gehört
das Konzept der Bescheidenheit. Die Tatsache, dass
das Gebäude, weil es sich im Fels verbirgt, auf eine
eigene Fassade verzichtet, lässt sich als ein Akt der Un-
terordnung verstehen, durch den die dramatischen
topografischen Bedingungen der Umgebung hervortre-
ten sollten. Auf der Ebene des Eingangs fungiert das
lang gestreckte Volumen als ein unmittelbar verständ-
licher Kontrapunkt. Die Beziehung zwischen dem
Fels und dem neuen Gebäude lässt sich als komplemen-
tärer Kontrast beschreiben; der Bruch ist wörtlich

20   Emilio Ambasz (geb. 1943) ist ein argentinischer Architekt, der
für seine Theorien über die Integration der Architektur in die Landschaft bekannt ist und damit als ein Vorreiter nachhaltiger Architektur
gelten kann.
21   Eduardo Chillida Juantegui (1924–2002) war ein spanischer
Bildhauer, der für seine großen und monumentalen Werke im öffentlichen Raum bekannt war. Sein nicht ausgeführtes Tindaya-Projekt sah
die Schaffung eines leeren Raums im Innern eines heiligen Bergs auf
der Insel Fuerteventura vor.

und formal definiert durch ein schräg aus dem Berg
ragendes Volumen und das mehrfach geknickte Dach-
profil des neuen Gebäudes außerhalb. Diese span-
nungsvolle Diskontinuität bleibt über die gesamte
Länge des extrudierten Volumens bestehen. An einem
der Enden erhebt sich die Konstruktion zu einer
Höhe von acht Geschossen, was als ein letztgültiger
und unerwarteter Akt der Selbstrechtfertigung gelesen
werden kann.

Alfred Berger und Tiina Parkkinen erklären oft, dass
die wahre Absicht dieser Strategie der Konfrontation
nicht in dem Phänomen des Zusammenstoßes an sich
bestehe, sondern in den zufälligen und zuweilen ris-
kanten Auswirkungen, die ein solches gewaltsames
Zusammentreffen in ihrer Architektur hervorruft, ein
Bündel unvorhergesehener, aber irgendwie geplanter
Koinzidenzen. Dieser experimentelle Ansatz klingt ein
wenig nach, um eine extreme Analogie heranzuziehen
einer architektonischen Version der Experimente, die
die Physiker in Teilchenbeschleunigungstunneln wie
dem CERN in Genf durchführen. Indem die Architekten
gegensätzliche Elemente/Partikel aufeinanderprallen

lassen, rufen sie das Entstehen des Unerwarteten, einer Art »dunkler Materie« der Architektur hervor, die aber immer noch von fundamentalen Elementen und verborgenen Regeln beherrscht wird. Ein mehr dem Kanon verpflichteter Einfluss, gestehen die Architekten zu, ist das Konzept der »phänomenalen Transparenz«, das von den Architekturtheoretikern Colin Rowe und Robert Slutzky[22] entwickelt wurde, dem zufolge die Konfrontation entgegengesetzter Elemente konstruktive Eigenschaften hervorruft, die wir nicht einmal erahnt haben. Dieser Typus von Transparenz ist nicht vollkommen klar, sondern etwas äußerst Unbestimmtes und Ungewisses[23].

Das Projekt des Stadtwerk Life Sciences Campus in Salzburg (2007–2015), zu dem unter anderen Institutionen die Paracelsus Medizinische Privatuniversität (2012–2013) gehört, ist ein weiteres luzides Beispiel für diese »diagonale« formale Strategie, in der wir eine außerordentliche Konzentration kontextueller Einflüsse, persönlicher Intentionen und unbewusster Aspekte, vermischt mit programmatischen Zufälligkeiten, finden können. Im Kern des Projekts stand die Frage,

22   C. Rowe, R. Slutzky, *Transparency: Literal and Phenomenal*, *Perspecra*, 1963.

23   Es ist in diesem Zusammenhang vielleicht angemessen, auf den Einfluss hinzuweisen, den Gyorgy Kepes' Buch *The Language of Vision* auf die Entwicklung von Rowes Konzept der »Transparenz« hatte. Nach Kepes beansprucht, wenn zwei Figuren sich überlappen, jede von ihnen den gemeinsamen, sich überlappenden Teil. Wenn dies geschieht, stehen wir vor einem Widerspruch in den räumlichen Dimensionen. Um diesen Widerspruch aufzulösen, müssen wir die Präsenz einer neuen optischen Qualität annehmen. Die Figuren werden dann mit Transparenz versehen: das heißt, sie durchdringen sich, ohne sich wechselseitig optisch zu zerstören.

wie sich das Gefühl einer physischen Offenheit und Aufnahmebereitschaft vor dem Hintergrund der inhärenten Hermetik eines Stadtblocks erzeugen ließe, die die unmittelbare Umgebung bestimmt. Die außerordentliche Menge an Arbeitsmodellen, die während der Studienphase angefertigt wurden, verrät, wie gründlich die Beziehung der abstrakten Volumina auf dem Gelände untersucht wurde. Die Kräfte des Ortes werden hier durch die Topografie der umliegenden Landschaft evoziert, die umgekehrt an den Decken der Foyers der sechs Gebäude widergespiegelt wird, die den Komplex bilden. Das sollte als ein Versuch gelesen werden, die Präsenz des Projekts an diesem bestimmten Ort zu legitimieren, und als eine Anstrengung, es in diesen zu integrieren. Währenddessen wird aber das gleiche Ausmaß an Energie in entgegengesetzter Richtung darauf verwandt, diese Zugehörigkeit emphatisch zu leugnen. Während die bewegten Decken der Foyers einen sprechenden und verbindenden Zweck haben, bewirken die scharf geschnittenen, weißen Fassaden eher eine Teilung und Differenzierung. Dieser spaltende Aspekt wird noch

verstärkt durch den transparenten Sockel, der die Gebäude vom Boden abzulösen scheint – eine Art von schwebendem Effekt, durch den der Komplex eine fast schwerelose Qualität erfährt. Dieser Bruch ist sogar wörtlich und physisch präsent vermittels des aus dem Boden ausgehobenen Leerraums, der eine Art englischen Patio bildet und so den Eindruck einer Loslösung des Gebäudes vom Ort evoziert. Während auf der einen Seite zu bemerken ist, wie emphatisch und eng diese Architektur mit dem Kontext verbunden ist, lässt sich andererseits feststellen, dass sie mit gleicher Energie versucht, sich zu emanzipieren und diese Bindung zu leugnen – beide Gesten sind gleichzeitig und gleich intensiv vorhanden.

Die Abfolge der Übereinstimmungen und Nichtübereinstimmungen ist strategisch in einem rhythmischen Wechsel entfaltet, der auf der diagonalen Promenade wahrnehmbar ist. Diese widersprüchliche Stimmung wird noch verstärkt durch die aufeinanderfolgende Weite und Dichte der Übergangsräume. Nachdem man die starke Enge einiger Abschnitte fast als belastend empfunden hat, wirkt die anschließende Aufweitung wie ein Befreiungsschlag. Das eine Motiv bezieht sich auf die Enge der städtischen Umgebung, das andere auf die Offenheit der Landschaft. Diese permanente Konfrontation der Gegensätze in der Architektur von Berger+Parkkinen ermöglicht eine Fluktuation zwischen verschiedenen möglichen Lesarten und verschiedenen individuellen Interpretationen und lädt die Besucher ein, unterschiedliche und ambivalente Lesarten des Ortes zu verknüpfen und dem konzeptuellen Körper des Komplexes eine dicke Schicht hinzuzufügen.

Wir werden beständig von Kräften des Zufalls geformt.
Paul Auster, The Art of Hunger

Flaniergasse

Die Seestadt Aspern ist ein neues Viertel im Nordosten
der Stadt Wien. In den letzten paar Jahren ist das
Gebiet aus einem großen Flugfeld zu einer neuen Stadt
geworden, die die wachsende Nachfrage nach Sozial-
wohnungen in Wien befriedigen soll. Eine große Zahl
österreichischer und internationaler Architekturbüros
wurde eingeladen, sich an diesem großen städtebau-
lichen Projekt zu beteiligen, wobei im Ergebnis eine
große Bandbreite an innovativen und adaptierten
Lösungen für jedes der ausgewiesenen Grundstücke
zu verzeichnen war.
Der Vorschlag, den Berger+Parkkinen für das vorge-
sehene Gelände formulierten, war ausgesprochen kühn
und griff hinsichtlich der inneren Gemeinschafts-
bereiche und bei der Entwicklung des Konzepts der
Nachbarschaft in der häuslichen Sphäre neue Ideen
und Konfigurationen auf.

Auf den ersten Blick erregt das Wohnbauprojekt in Aspern (2011–2015) Aufmerksamkeit durch seine sehr österreichische kompositorische und formale Strenge. Wenn wir uns nähern und die Schwelle überschreiten, entdecken wir auch eine enge Verbindung zum skandinavischen Modernismus, der dieses Architektenteam sehr anspricht und sich hier in der Art und Weise geltend macht, in der das Gebäude die Natur als einen strukturierenden Rahmen nutzt.

Der gesamte Plan ist rund um einen zentralen, zickzackförmigen Weg angelegt, den man als eine »Flaniergasse« bezeichnen könnte, die speziell zum Herumschlendern gestaltet wurde. Sie ist eine Art Canyon oder trockenes Flussbett mit einer dramatischen Topografie; sie lenkt die Menschenströme, wird aber zugleich zu einem improvisierten Spielplatz für Kinder, ermöglicht zufällige, zwanglose Begegnungen und lädt zu Aufenthalt und Bewegung ein. Dieser öffentlich zugängliche – aber gleichwohl kontrollierte – Weg strahlt Freundlichkeit und gesellige Großzügigkeit aus und fungiert als eine Art Infrastruktur für den zwischenmenschlichen Austausch[24].

24   Das Konzept der »Flaniergasse« ließe sich als eine Adaption der Idee der »lernenden Straße« für den Wohnbereich verstehen. Die Idee der »lernenden Straße« wurde in den 1960er-Jahren von dem Architekten und Theoretiker Herman Hertzberger bei dem Versuch entwickelt, Korridore und andere Übergangsbereiche in Schulen in Orte zu verwandeln, wo die Kinder spielen, Erfahrungen machen und lernen können sollten. In dem Projekt von Berger+Parkkinen entdecken wir manche derselben Intentionen, angewandt auf den Bereich von Wohnkomplexen. Hier kanalisieren die Übergangsräume nicht nur die Ströme, sondern werden zu Orten, wo gemeinsames Leben erfahrbar wird: Die dramatische Topografie des Hauptwegs begünstigt Freizeitaktivitäten. Er ist auf der gesamten Länge durch rhythmische verteilte Erholungszonen, Spielplätze und sogar die Tribünen eines Freilufttheaters gegliedert.

Das Projekt beinhaltet eine interessante typologische Entwicklung gerade in der Einfügung derart genau ausgearbeiteter Übergangsräume und öffentlicher Bereiche in die Komposition, über die durch das spezifische Programm nicht entschieden war. Sie wurde in gewisser Weise vielmehr von der Sensibilität der Architekten gegenüber äußeren Elementen bestimmt. Ihr Umgang mit dem Programm arbeitet prinzipiell mit Begriffen der Nähe oder der Verbindungen zwischen programmatischen Bestandteilen und nicht mit dem Programm als einer Bestimmungsgröße für die Form. Dieser Zusammenstoß von Typologien erweist sich hier als sehr fruchtbar: Der Einbezug der Tribünen eines Theaters erinnert ein wenig an die »Innenhoftheater« der elisabethanischen Ära oder die barocken »Theaterhöfe«[25] in Südeuropa. Die Idee, das Theater mit dem Hof einer Wohnanlage in Verbindung zu bringen, zeugt wahrlich für Scharfsinn. Denn jeder Hinterhof hat etwas von einem lebendigen Theater des Alltagslebens. Was die Architekten hier vorschlagen, ist eine Modifikation des Status der Beobachter, die von »Voyeuren« zu Zuschauern werden, wodurch der

25   Die Theaterhöfe, oder »corrales de comedias« auf Spanisch, waren offene, öffentliche Freilufttheater, die permanent in den Höfen von Wohngebäuden angesiedelt waren. Solche Höfe waren in Südeuropa im 16. und 17. Jahrhundert sehr beliebt.

Akt des Beobachtens der Passanten aufgewertet und zu einer voll entwickelten Aktivität wird. Diese Aussage mag recht provokant wirken, beweist aber tatsächlich einen hohen Grad sozialen Engagements.

Eine konzeptuelle Anatomie dieses Projekts legt viele ausgearbeitete Gedanken und Intuitionen frei; zu seinen Leistungen zählen auch die sensible Behandlung der natürlichen Materialien mit der Betonung der haptischen Qualitäten der äußeren Holzverkleidung, die Konfrontation und Interaktion zwischen einem Gefühl der Intimität und Entfremdung, die das gesamte Projekt durchziehen, sowie die einsichtsvolle Heraus-stellung einer Verbindung zu dauerhaften gesellschaft-lichen, kulturellen und architektonischen Werten.

Ich glaube, dass die Wahrheit nur ein Gesicht hat –
das des gewaltsamen Widerspruchs.
Georges Bataille, Violent Silence

Eine schlichte Wahrheit,
fälschlich Schlichtheit genannt

Das erste, was bei der Annäherung an das Eissportzentrum Wien (2008–2011) auffällt, sind der diffuse
Schimmer, den die Fassade hervorruft, und die subtile,
streifenförmige Textur des umhüllenden profilierten
Glases. Dieses verwischte, lichtdurchlässige Erscheinungsbild vermittelt ein Gefühl der Vergänglichkeit,
einer augenblickshaften Aura, die den Eindruck materieller Einheitlichkeit verstärkt.

Das Eissportzentrum Wien ist in seiner heutigen
Konfiguration das Ergebnis zweier separater Eingriffe.
Fünfzehn Jahre nach der Fertigstellung des Stadions
wurde ein zweiter Auftrag ausgeschrieben, der die
Errichtung einer zusätzlichen kleineren Eislaufhalle
und die Erweiterung des Hauptgebäudes auf eine
Zuschauerkapazität von 7000 Plätzen vorsah, wodurch
die Anlage zum größten Stadion ihrer Art in ganz
Österreich werden sollte.

In städtebaulicher Hinsicht wurde das Eissportzentrum als ein verbindendes Objekt konzipiert, das der Weiterentwicklung des Stadtteils Kagran, als neues Wohnviertel im Norden Wiens, eine Richtung geben sollte. Zur Zeit der Errichtung war das Gelände fast eine städtische Leerstelle; es war schwierig, einen Bezugspunkt in der unmittelbaren Umgebung zu finden. Als Anker bot sich lediglich der Bezug auf die Hochbahnstation an, mit der das Gebäude in Dialog tritt und eine für die Stadt angemessene Verbindung hält. Die Hochbahn ist das wichtigste Verkehrsmittel zum Erreichen des Eissportzentrums. Bei der Fahrt nimmt man es in der Ferne wahr, wobei das Glas hier reflektierend, nicht transparent erscheint. Der Eindruck der Maßstabslosigkeit, den das Gebäude vermittelt, muss als die Antwort der Architekten auf seine Lage verstanden werden, die etwas von einer Enklave hat. Die ruhige, recht monumentale Konfiguration der Südfassade steht in klarem Kontrast zu der Nordseite, die in ihrem Aufbau viel dynamischer ist. Hier wird der Eindruck von Bewegung durch verschiedene Typen von Übergangsräumen (Rampen,

Treppen, Fußgängerbrücken) und durch das vorkragende Schrägdach betont. Die künstliche Falte auf dem Gelände unterstreicht zusätzlichen diesen dynamischen Aspekt. Längs einer der Flanken der neuen Eisbahn haben die Architekten eine funktionstüchtige Topografie geschaffen, eine Art »städtischer Düne«. Dabei handelt es sich um eine Rampe zum Betreten und Verlassen der Stadiontribünen, die diese Funktion sehr effektiv erfüllt, und gleichzeitig um einen herrlichen öffentlichen Raum, einen Hang, auf dem man sich vor dem Spiel oder in den Pausen hinlegen und entspannen kann. Die doppelte Zweckbindung einzelner Elemente, die eine Art exzessiver Effizienz verrät, ist ein weiterer unterscheidender und sehr häufig wiederkehrender Wesenszug im Werk von Berger+Parkkinen.

Der gesamte Komplex ist von einer scharfen Dialektik zwischen dem Eindruck der Schwere und der Leichtigkeit durchdrungen. Beim Hauptgebäude kontrastiert das massive, kräftige Stahldach zu der feinen, lichtdurchlässigen Fassade, so dass einem wirklich Zweifel hinsichtlich des Gewichts dieser Komponenten kommen.

Wir begreifen die wirkliche Masse der Elemente nicht mehr – gewissermaßen ergibt sich eine Befreiung von der Last der Materialien. Zuweilen muss Materialität mit Immaterialität konfrontiert werden, um eine echte expressive Wirkung hervorzubringen. Manchmal ist es nötig zu lügen, um die Wahrheit zu sagen, oder, wie Paul Valery sagte, »Wahrheit braucht lügen, denn wie sie ohne Gegensatz definieren?«[26]. Dieses paradoxe Widerspiel, diese Dialektik zwischen solide und fragil, zeigt sich auch bei einigen der jüngsten Projekte von Berger+Parkkinen, so dem Austro Control Tower (2014) in Wien oder dem Paracelsusbad in Salzburg. All diese Projekte bestätigen ihre Materialität, ihre wesentliche Wahrheit: Glas ist stets Glas, Beton ist stets Beton, Stahl immer Stahl. Zu gleicher Zeit aber scheinen sie sich dieser Festlegung entziehen und sich von ihr befreien zu wollen. Die wortwörtliche Anwesenheit des Bruchs in den oben genannten Projekten scheint das Ergebnis dieses scharfen, unaufgelösten Widerstreits zu sein.

Das oben erwähnte Projekt des Paracelsusbades (2012–2019) besteht in einem neuen öffentlichen

26   P. Valery, *Mélange*, Paris: Gallimard, 1942, S. 195.

Schwimmbad und Kureinrichtungen im Herzen der
Stadt Salzburg, neben dem historischen Mirabellgarten.
Mit diesem Auftrag, den die Architekten aufgrund
des Sieges in einem offenen Wettbewerb erhielten – ihr
Entwurf erhielt hohes Lob für seine umsichtige städte-
bauliche Sensibilität – wurden Berger+Parkkinen mit
einer komplizierten Bauaufgabe auf die Probe gestellt.
Der Auftrag verlangte eine große Palette an Funktionen – eine Kureinrichtung, ein städtisches Schwimmbad, Saunen und ein Restaurant –, die alle in ein in-
nerstädtisches Grundstück hineingequetscht werden
mussten. Das Ziel bestand nicht darin, der Stadt ein
neues bauliches Wahrzeichen zu geben, sondern den
Charme zu betonen, den die Stadt bereits besitzt.
Hier galt es mehr denn je, das Gattungstypische
an die Besonderheiten des Kontexts anzupassen. Die
Geometrie des Gebäudes wurde zum Park hin ver-
schwenkt und versucht, an die formale und materiale
Integrität der verschwundenen alten Bastionsmauern
anzuknüpfen, die sich einst auf dem Gelände befanden.
Das Projekt behält bewusst den Eindruck des Maß-
stabs und des monolithischen Charakters dieses alten

Bauwerks bei. Das geschlossene, undurchdringliche Erscheinungsbild der ersten drei Geschosse erweckt Assoziationen zu der nahegelegenen Wasserbastei, einem Rest der barocken Befestigungsanlagen.

Die dreistufige Unterteilung des Gebäudes erinnert ein wenig an die zeitlose Ordnung eines klassischen Tempels. Der erste Teil umfasst die unteren drei Geschosse mit den Kureinrichtungen und fungiert als ein überdimensionierter Sockel oder eine Krepis mit einem zweigeschossigen Stereobat und einem eingeschossigen Stylobat. Eine monumentale Treppe führt durch diese Ebenen als öffentlicher Weg schräg hinauf und vermittelt den Eindruck, man bewege sich auf das Licht zu. Die Diagonale gibt hier der statischen Geometrie die Energie. Mit diesem Prozess, der von der situativen Ortsgebundenheit befreit, erkundet der Raum den gesamten Aufriss und führt hinauf aus dem schimmernd-opaken Bereich zu der direkten Transparenz des Hauptgeschosses. Dieses Geschoss, in dem das Schwimmbad untergebracht ist, präsentiert sich als ein verglaster Raum, der wie eine nach oben versetzte Verlängerung des Kurgartens wirkt, des

umgebenden Parks mit dem berühmten Panoramablick
auf die Salzburger Dachlandschaft und Festung.
Der asketische Charakter der unteren Geschosse bildet
einen radikalen Kontrast zu diesem extrovertiert
wirkenden Raum. Hier zeigt sich ein hochdramatischer
Widerhalleffekt zwischen der sanft gewellten Decken
und den kräuselnden Wellenbildungen im Wasser
des Schwimmbeckens. Wenn man sich diesem Raum
annähert, vermitteln das weiche Naturlicht und
der spielerische Effekt der Deckenspiegelung den Eindruck, dass der Hauptzweck hier in der Schaffung
eines Klimas bestehe. Von hier aus wird das gesamte
Innere in seiner Vollständigkeit und in all seinen
verschiedenen Ebenen zu gleicher Zeit verständlich.
Licht wird hinunter in die Eingeweide des Raumes
mittels einer Art »Tageslicht-Impluviums« gebracht,
das das gesamte Volumen durchdringt und Tageslicht
noch in die Mitte des Grundrisses führt. Dieses
Element könnte typologisch an die Schächte erinnern,
die die klassischen römischen Thermen und später
die Hammams der arabischen Tradition mit zenitalem
Licht versorgten. Die obere Ebene spielt schließlich
die Rolle eines fast frei schwebenden »Hauptgesimses«.

Dort sind die Sauna und das Restaurant untergebracht. In kompositorischer Hinsicht wirkt dieser Teil dem übrigen Gebäude gegenüber fast fremd und unzugehörig und zieht es vor, aus der Gegenüberstellung seinen Nutzen zu ziehen.

Wieder einmal sehen wir hier eine formale und programmatische Überlappung gegensätzlicher Intentionen: Auf der einen Seite scheint das Gebäude die Kräfte des Ortes zu berücksichtigen, aber auf der anderen Seite scheinen andere Aspekte, die mit gleicher Kraft verteidigt werden, sich diesem kontextbezogenen Standpunkt zu widersetzen. Der eine Gesichtspunkt legt nahe, dass der Sinn für Maßstäblichkeit und die Einlassung des Projekts auf die Geschichte einen deutlichen Willen zur Übereinstimmung bekunden. Von einem anderen aus, rufen der wellenförmige Spalt im Hauptgeschoss oder das Absetzen der abschließenden Bekrönung des Gebäudes eine gegensätzliche Situation hervor. Dies fügt dem Geist der Schlichtheit, die durch den allgemeinen Entwurf und die Wahl der Materialien erzielt wurde, einen Grad an Komplexität hinzu. Wie Cristian Godin[27] erklärt, »besteht der

---

27   C. Godin, *Edifier, L'architecture du lieu*, Paris: Verdier 2005, S. 84.

Respekt für das Gedächtnis des Orts nicht nur in
der Verstärkung seiner Geometrie. Mit der Verwendung
des Kontrasts kann der Architekt die verborgenen
Kräfte der Stätte wieder sichtbar machen«.
Wie wir bei dieser Betrachtung einiger der bemerkens-
wertesten Projekte von Berger+Parkkinen gesehen
haben, beziehen ihre Arbeiten stets einen klaren, kontextbezogenen Standpunkt, der sich *a priori* auf die
Prinzipien von Architekturströmungen wie dem
»kritischen Regionalismus« beziehen ließe, die auf die
Wurzellosigkeit des modernen Lebens reagieren.
Aber anders als diese Strömung steht die Architektur
von Berger+Parkkinen nicht notwendigerweise in
Opposition zu der Kultur der Mobilität und der Information. Die Architekten suchen nach dauerhaften,
mit dem »Genius loci« verbundenen Werten, zugleich
aber fühlen sie sich von dem Ausdruckspotenzial
und manchen flüchtigen Facetten unserer zeitgenössischen Gesellschaft angezogen. Beide Richtungen
und Argumente zeigen sich gleichzeitig, und beide
werden mit der gleichen Energie und dem gleichen
Enthusiasmus verteidigt.

Die beiden verschiedenen Wege treiben das Projekt in zwei diagonal entgegengesetzte Richtungen: die eine, eher kontextbezogene, versucht, die verborgenen Kräfte des Ortes und die Energie der Umgebung aufzunehmen, die andere, eher selbstbezogene und objektbezogene, verweist auf die Eigenständigkeit des schöpferischen Akts und bringt Vorschläge hervor, die bewusst jede Ortsspezifik zurückweisen. Diese Spannung führt in der Regel zu einer formalen Versetzung, bei der die entgegengesetzten Kräfte schließlich aufeinander übergreifen.

Die endgültige Interpretation der Architektur von Berger+Parkkinen ist zweideutig. Diese Architektur teilt sich, wie jede gute Kunst oder Poesie, mit, ehe sie verstanden wird[28]. Wir nehmen die räumliche, visuelle und gefühlsmäßige Bedeutung ihrer Gebäude wahr, ehe wir die ihnen zugrunde liegenden Absichten und Inspirationen begreifen. Die Architektur dieses Büros regt die Nutzer/Beobachter dazu an, sich auf sie einzulassen und die Lyrik unter der Prosa zu entdecken das konzeptuelle Gerüst zu erfassen, teilzunehmen an dem Dialog und Wahlentscheidungen zu treffen, durch die sie selber zum Autor ungenauer Vorstellungen werden.

28   In seinem Essay über Dante erklärte T. S. Eliot: »Echte Poesie kann sich mitteilen, ehe sie verstanden wird.« T. S. Eliot, *Selected Essays 1917–1932* Harcourt, Brace and Company, 1938, S. 200.

Biografien

Alfred Berger, geboren 1961 in Salzburg, Österreich. Architektur-studium an der Akademie der bildenden Künste Wien in der Meis-terschule Timo Penttilä. 1987 er-hielt er den Meisterschulpreis und diplomierte 1989. In Partnerschaft mit Werner Krismer und Sepp Müller gewann er 1990 seinen ers-ten Wettbewerb für die Albert-Schultz-Eishalle in Wien-Donaus-tadt, sie wurde zur Eishockey-WM 1995 eröffnet und mit dem Silbernen IAKS-Award ausgezeich-net. 2008–2011 wurde die Halle von Berger+Parkkinen Architekten zum größten und modernsten Eissportzentrum Österreichs aus-gebaut. Alfred Berger arbeitete vier Jahre als Hochschulassistent an der Akademie der bildenden Künste in Wien eng mit den Professo-ren Timo Penttilä und Massimiliano Fuksas zusammen. 2012 war er Uni-versitätslektor an der Technischen Universität Wien. Seit 1996 Mitglied der Kammer für Architekten und Ingenieurkonsulenten für Wien, Niederösterreich und Burgenland. Seit 2013 Vorsitzender der Timo Penttilä Society, seit 2015 Mitglied des Architekturbeirates der Bun-desimmobiliengesellschaft (BIG).

Tiina Parkkinen, geboren 1965 in Wien, Österreich und aufgewachsen in Finnland. Architekturstudium an der Akademie der bildenden Künste Wien in der Meisterschule Timo Penttilä. 1994 erhielt sie den Meis-terschulpreis und diplomierte mit Auszeichnung. Im gleichen Jahr wurde sie Mitglied der finnischen Architektenkammer. Seit 2015 Sprecherin der Alvar Aalto Gesell-schaft Österreich.

Tiina Parkkinen und Alfred Berger gründeten 1995 *Berger+Parkkinen Architekten* mit Sitz in Wien und Helsinki. Im Gründungsjahr gewan-nen sie den Wettbewerb für die Nordischen Botschaften in Berlin. Zahlreiche weitere Wettbewerbs-erfolge und Anerkennungen folgen, u. a. Finalist des Mies van der Rohe Awards 2001. Regelmäßige Vor-trags- und Ausstellungstätigkeit in den Hauptstädten Europas, Indien, Mexico und den USA, 2004 Einladung zur Architekturbiennale Venedig, 2006 zur London Architec-ture Biennale. Zahlreiche Publika-tionen weltweit in führenden Archi-tekturmagazinen, Büchern und anderen Medien.

Interview
August Sarnitz im Gespräch mit
Alfred Berger, Tiina Parkkinen
und Hubert Lobnig

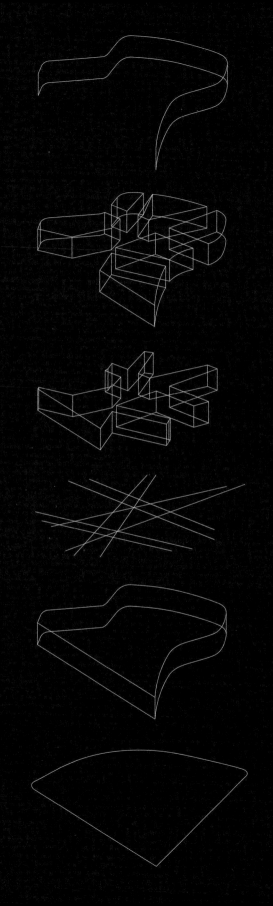

August Sarnitz: Mit der deutschen Wiedervereinigung 1989 hat für
die Stadt Berlin eine Wende begonnen. Durch diese Energie wurde
Berlin zu einer der interessantesten Städte in Europa. Im Jahr 1995 –
also vor ungefähr zwanzig Jahren – habt ihr den internationalen
Wettbewerb für die <u>Nordischen Botschaften</u> gewonnen, und zwar   33–47
mit einer großartigen Idee: Ein »Vorhang« aus Kupfer umschließt
die fünf Botschaften und das Gemeinschaftshaus zu einem einzigen
Gebäudekomplex. Im Frühjahr 2016 war ich in Berlin und habe
das Projekt wieder besucht. Mit großer Selbstverständlichkeit in
Form und Maßstab steht der Komplex am Rande des Tiergartens,
die grüne Kupferfassade als Metapher zur Berliner Stadtlandschaft.
Während andere Botschaftsgebäude in den vergangenen Jahren
einen ästhetischen Alterungsprozess durchgemacht haben und eine
offensichtliche »Jahreszahl« tragen, beweist euer Entwurf eine
Qualität des Ortes und der Materialien, die noch heute eine unglaub-
liche Aktualität haben. Ich zitiere aus einem Text von euch: »Architecture needs to start from an idea.« Wie werden diese Ideen generiert?

> *Alfred Berger*: Die Nordischen Botschaften waren sozusagen ein
> Katalysatorprojekt in unserer Entwicklung aus dem einfachen
> Grund, dass es selten ein Projekt gibt, bei dem das Programm völlig
> neuartig ist. Das heißt, neben der Forderung, dass jedes gute Pro-
> jekt eine klare Idee haben muss, auf der es fußt, betrachten wir
> Projekte immer auch als eine Art Neubeginn. Wir suchen nicht nach
> irgendwelchen bestehenden Archetypen, um zu prüfen, passt das
> oder passt jenes, sondern wir versuchen, in unserer Arbeit den
> Grund möglichst frei zu machen und die bestimmenden Parameter
> zu erkennen, um ein spezifisches Projekt zu generieren. Bei den
> Nordischen Botschaften war die Thematik der Identität natürlich
> sehr im Vordergrund, mit der Besonderheit, dass eben nicht ein
> Auftraggeber, eine Firma, eine Familie oder eben ein Staat sich hier
> manifestieren wollte, sondern dass es in dem Fall fünf Staaten

waren, die zu repräsentieren waren. Somit hatten alle den naheliegenden Wunsch, trotz einer gemeinsamen Identität der Nordischen Botschaften jeweils für sich auch eine starke nationale Identität darstellen zu wollen. Da war erstens die Frage: Wie kann man fünf verschiedene einzelne Themen in ein großes Thema hineinpacken? Das war das ganz Spezielle an dieser Aufgabenstellung, die Auseinandersetzung mit einer multiplen Identität, wie wir es damals genannt haben. Es ging darum, dieses Multiple in ein Ganzes einzubetten, jedem Land eine gleichwertige Position zuzugestehen und es nach außen dennoch in einer gemeinsamen Identität darzustellen. Dazu begannen wir, das Projekt in zwei unabhängigen und unterschiedlichen Maßstäben zu betrachten. Einerseits von innen heraus, die klare Gliederung in Teilprojekte und in einzelne Identitäten innerhalb des Großen. Von außen aber als Ganzes, verbunden und zugleich verhüllt mit dem Kupferband, sodass der Betrachter von außen die Nordischen Botschaften als eine übergeordnete Identität wahrnimmt. Unabhängig von der Bedeutung der Einzelvertretungen haben sich die Nordischen Botschaften in Berlin zu einer Adresse entwickelt. Erst wenn man durch die vielen Öffnungen im Kupferband das Innere wahrnimmt, kommen die Vielfalt und die Einzigartigkeit der Einzelteile zur Geltung.

Grundsätzlich kann man diese Entwurfsmethode bei vielen unserer Projekte, die wir noch besprechen werden, ähnlich nachvollziehen. Im Fall der Nordischen Botschaften waren die Parameter von Beginn an besonders außergewöhnlich. Der Prozess des Freilegens und des Auswählens der Parameter, die für das Projekt bestimmend werden, steht jedoch am Anfang aller unserer Entwürfe.

Hubert Lobnig: Für mich als Künstler, der sich sehr intensiv mit Architektur in seiner Arbeit beschäftigt, stellt sich natürlich diese große Frage: Wie weit kann man in der Architektur konzeptionelle Grundideen, die man in seine Projekte einschreibt, beibehalten oder durchhalten oder wie weit werden diese durch funktionale oder gesetzliche Ansprüche gestört? Wie geht ihr damit um oder wie weit ändert ihr Konzeptionen in konkreten Bauprozessen oder müsst sie modifizieren?

AB   Für mich ist ein wesentlicher Punkt in unserer Arbeit das Verwerfen. Es ist egal, ob man als Architekt konzeptionell oder formal arbeitet, das Ding muss funktionieren. Das heißt, die äußeren Parameter wie Baugesetze und Baubestimmungen und eben auch funktionelle Anforderungen sowie die wirtschaftlichen Rahmenbedingungen sind bindend. Wenn ein Konzept oder eine formale Idee sich nicht umsetzen lässt, weil sie mit einer dieser Rahmenbedingungen nicht zurechtkommt, dann ist unser Ansatz, dieses Ding nicht weiter zu quälen und zu verbiegen, sondern zu verwerfen und etwas Neues zu machen. Speziell bei Wettbewerben kann man sehr klar sehen, sowohl als Teilnehmer als auch als Juror, verbogene Projekte haben keine Kraft. Es muss gelingen, eine Grundidee zu finden, die sich relativ geradlinig unter Berücksichtigung der Rahmenbedingungen umsetzen lässt.

HL   Kann man es etwa so sagen, um auf das Projekt in Berlin noch einmal zurückzukommen: Dieser Bau hat viele fantastische Ebenen, die Kupferskulptur oder räumliche Malerei, die diesen Bau umschließt, und dann eben auch diese, wie ihr es definiert habt, multiple Identitätsthematik. Das Schöne entsteht durch die komplexe Situation, dass man eben unterschiedlichste Bereiche berücksichtigt und dass verschiedene Dinge zusammenspielen. Es interessiert mich, was das jetzt für neuere Wettbewerbssituationen bedeutet. Was spornt euch an? Wo schafft ihr es, Komplexität und Intensität zu erzeugen? Gibt es intelligente und langweilige Fragestellungen? Was sind die Themen, die euch richtig herausfordern oder anspornen?

Tiina Parkkinen: Besonders interessant sind schwierige Projekte. Wenn die Rahmenbedingungen beim ersten Lesen des Programms den Eindruck erwecken, dass gar keine Freiheiten bestehen, stellt sich die Frage: Was kann man da machen?
Andererseits der Fall, wo die Beschreibung den Eindruck erweckt, dass alles möglich ist. In beiden Fällen ist die Herausforderung, die bestimmenden Parameter zu definieren. Oftmals ist für uns die Lösung, ein neues Programm zu schreiben und damit das Projekt von einer komplett anderen Seite anzugehen und zu entwickeln.

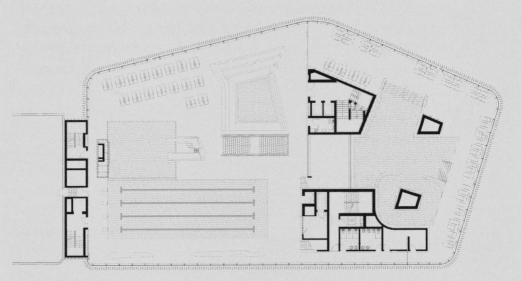

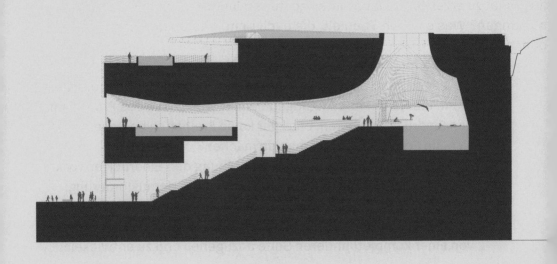

Mit dieser Methode gelingt es uns immer wieder, auch wenn nichts möglich scheint, doch einen neuen Zugang zu finden.

AS   Ich mache jetzt einen wirklich großen zeitlichen Sprung in die Gegenwart. Zurzeit baut ihr in Salzburg das Paracelsusbad   98–107 samt Kurhaus (ein gewonnener Wettbewerb aus dem Jahr 2012). Wir befinden uns in der post-industriellen, post-kapitalistischen Zeit, wo Work-Life-Balance und das »Wohlfühlen« einen neuen Stellenwert bekommen haben. Städtische Schwimmbäder im traditionellen Sinn werden durch Erlebnisbäder und Wellnessoasen ersetzt. Der Aufenthalt an diesen neuen Orten der Erholung wird mit mehreren Stunden angelegt und inkludiert Wellness, Unterhaltung und kulinarische Erlebnisküche. Euer Projekt reagiert mit einer wohldurchdachten architektonischen Regie auf diese komplexen Funktionen. Eine »Lichttreppe« führt diagonal ins Innere des Gebäudes und überrascht die Besucher auf der Hauptebene mit einem »Bergsee« und einem großartigen Ausblick auf die Burg Hohensalzburg. Der »Bergsee« ist natürlich eine Metapher für eine großzügige Wasserlandschaft mit mehreren Wasserbecken. Die Deckenform über dem »Bergsee« wiederum ist eine Metapher für die Berglandschaft. Der Innenraum hat barocke Qualitäten in einem übertragenen Sinn. Wie fühlt man sich, wenn man diese Fantasielandschaft entwickelt?

AB   Ich persönlich habe sehr starke Bezüge zur Stadt Salzburg. Sie ist ein faszinierendes europäisches Stadtmodell. Wenn man auf dem Mönchsberg steht und auf die Stadt hinunterschaut, sieht man keinen Quadratmeter Boden, so dicht ist die Stadt gebaut. Wenn man sich in der Stadt befindet, ist durch die Qualität und die großartige Leistung der damaligen Baumeister ein räumliches Gefüge entstanden, wo nie das Gefühl von Enge entsteht, sondern sich immer Ausblicke öffnen und Fernbezüge entdecken lassen. Der Bauplatz für das neue Paracelsusbad befindet sich knapp am Rand der Altstadt, im ehemaligen Bereich des Glacis oder der Bastionen. Das Gebäude orientiert sich beinahe 360 Grad in seine Umgebung. Der wirklich große Motor für das Bad war somit die Möglichkeit, die umgebende Außenwelt ins Gebäude hineinzunehmen und somit die Idee der Fortsetzung des Parks im Haus umzusetzen. Die Hauptebene ist daher vollständig von Glas umschlossen. Wenn man sich auf diesen hochgestellten Ebenen befindet, kann man das Panorama der Altstadt von Salzburg, des Festungsbergs und des Mönchsbergs genießen. Das heißt, man befindet sich in einem Raum, der selbst eher zurückhaltend ist, eine Decke, einige vertikale Elemente und viel Wasserflächen, und der sich öffnet, um die Magie der Stadt in den Raum hineinzuziehen.

HL   Wie weit spielen Ortsbezogenheit, ortsbezogenes Arbeiten und eure Biografien eine Rolle in eurer Arbeit? Tiina, du bist halb Finnin, halb Wienerin – in Finnland aufgewachsen. Alfred hat Wurzeln in Frankreich und in Salzburg. Es gibt jetzt das Badprojekt in Salzburg. Wie weit sind solche biografischen Bezüge – du kennst Salzburg und seine umgebende sehr prägnante Landschaft von deiner Kindheit an – wichtig, um heute architektonische Entwürfe und Setzungen zu machen?

AB   Ich finde das eine sehr wichtige Frage in unserer heutigen Situation, weil ich überzeugt bin, dass man mit einer profunden Kenntnis der Zusammenhänge qualitativ hochwertigere Arbeiten umsetzen kann. Ohne Kenntnis des Kontextes ist es sehr schwierig, die Intensität in der Arbeit zu entwickeln. Deswegen ist für uns natürlich die Bezüglichkeit von Anfang an ein sehr intensives Thema. Es kann auch sehr, sehr spannend sein, sich ganz weit weg, in einem Land, wo man noch nie war, mit einem Projekt auseinanderzusetzen. Das erfordert viel Einsatz und Zeit, ermöglicht aber in gewisser Weise, ein Konzept zu entwickeln, das auf abstrakteren Grundsätzen fußt. Die Kenntnis oder die Definition, wir nennen sie die Geografie des Projektes, muss dann komplett erarbeitet werden, um für uns klar zu definieren: Was sind die Bezüglichkeiten, was empfinden wir dort, was sehen wir dort, was sind die sozialen und gesellschaftlichen Einflüsse? Erst dann können wir ein Projekt machen.

HL   Eine Frage noch zum Begriff Landschaft. Ihr habt in Bezug zu dem Salzburger Bad die Begriffe Bergsee und Landschaft eingeführt. Das sind sehr wichtige Begriffe, die viele eurer Projekte betreffen. Auch das Gebäude in Hagenberg ist in eine sehr spezielle landschaftliche Situation eingefügt. Wie weit ist dieser Landschaftsbezug und, wenn man es erweitert auffasst, auch der Begriff Stadtlandschaft zentral in eurer Architektur? Es gibt dieses Panorama in Berlin, das durch das korrodierte Kupfer etwas sehr Naturhaftes, Landschaftliches in die Stadt einfügt.

TP   Für uns ist generell der Bezug des Gebauten zu seiner Umgebung und zur Natur ein ganz zentrales Thema, mit dem wir uns sehr auseinandersetzen. Bei den Nordischen Botschaften zum Beispiel bezieht sich »Landschaft« natürlich auch auf die spezielle Lage am Tiergarten. Den Begriff der Landschaft verwenden wir aber in einem allgemeineren Sinn. So wollten wir bei den Botschaften einen anderen Maßstab, eine andere Information nach außen vermitteln und nicht sechs einzelne kleine Gebäude am Rande des Tiergartens platzieren, die einfach im Kontext der Großstadt Berlin untergegangen wären. Wir haben gesagt, erst diese landschaftsbildende Qualität gibt diesen Botschaften die angemessene Präsenz in Berlin. Wenn wir jetzt ein Projekt wie zum Beispiel Hagenberg ansehen, ist der Landschaftsbezug direkt und wesentlich durch den Umgang mit der ungewöhnlichen Topografie artikuliert. Das Gebäude scheint teilweise ja richtig im Hang verwurzelt, wie zum Beispiel die Körper der Hörsäle aus eingefärbtem Beton, die aus dem Boden zu wachsen scheinen. Im Kontrast dazu wirkt der über dem Hang schwebende Vierkanter wie eine Klammer, die sich zur Umgebung öffnet und zugleich Bezug nimmt auf die traditionellen Bauformen in Oberösterreich.

HL   Es gibt ja auch immer dieses Zusammenspiel, das jetzt in eurem Bad zum Tragen kommt, die Verklammerung von Innenraum und Außenraum. Man blickt von der Landschaft auf das Gebäude, das sich auf die Landschaft bezieht, und ihr inszeniert Innenräume, die dann einen speziellen Blick auf die Landschaft ermöglichen. Schuss und Gegenschuss?

AB   Blickbeziehungen sind bei unseren Projekten extrem wichtig. Gerade bei den Nordischen Botschaften hat neben dem

Marcel Duchamp, Nude Descending a Staircase (No. 2) 1912: Öl auf Leinwand, 147 × 89,2 cm

rein konzeptionellen Zugang ja auch diese überspitzte Perspektive, die sich mit der Tiefe aufbaut, mit den sich verjüngenden Straßen, eine bildhafte Qualität. Das heißt, wir sehen das Konzeptionelle immer auch stark mit einer sinnlichen Qualität verbunden. Das Konzept seiner selbst willen wäre mir zu wenig, am Ende muss die Architektur auch emotional funktionieren. Neben den Sichtbezügen gehört auch das Licht dazu, mit seiner großen Magie. Das sind die zwei ersten Elemente, wenn es um räumliche Komposition geht. Das dritte Element ist die Materialität, die für uns auch eine ganz wesentliche Komponente ist und wo wir in vielen Projekten die Möglichkeit hatten, naturbelassene Materialien einzusetzen. Ob das jetzt Stein ist oder Holz, das patinierte Kupfer, Edelstahl oder Beton, oder Textil und Leder, wesentlich ist, dass die spezifische Materialität zum Ausdruck kommt, unabhängig davon, wie die Oberflächen behandelt sind. Diese Grundmaterialien, in verschiedensten Ausprägungen und Kombinationen, verwenden wir, um atmosphärische Ideen entsprechend umzusetzen. Darüber hinaus haben wir erkannt, dass dauerhafte Qualität am besten mit unbehandelten Materialien erreicht wird.

AS   Bleiben wir noch einmal bei der Landschaft und dem Raum. Das Paracelsusbad setzt die Landschaft in Szene wie wahrscheinlich kein anderes Projekt von euch davor. Es gibt jedoch ein kleines, sehr durchdachtes Projekt, das sich der Landschaft und dem Garten auf besondere Art und Weise nähert. Ich spreche von der Residenz der Norwegischen Botschaft in Wien, wo die Fragen 55–61 der optischen Illusion, der Spiegelungen, der Sichtachsen und der Ausblicke besonders thematisiert wurden. Der Aufgabe entsprechend in kleinerem Maßstab, aber mit großer Intensität. Fragestellungen und Ideen zu einer Botschaftsresidenz können sehr oft in konventionellen Schemata ausarten. Hier entwickelt das Projekt architektonische Qualitäten, die primär nichts mit der vordergründigen Repräsentanz einer Botschaft zu tun haben. Wie entwickelt man so einen subtilen Dialog?

TP   Bei dem Projekt ging es konkret um ein existierendes Gebäude, das wir umgebaut und erweitert haben. Eine typische

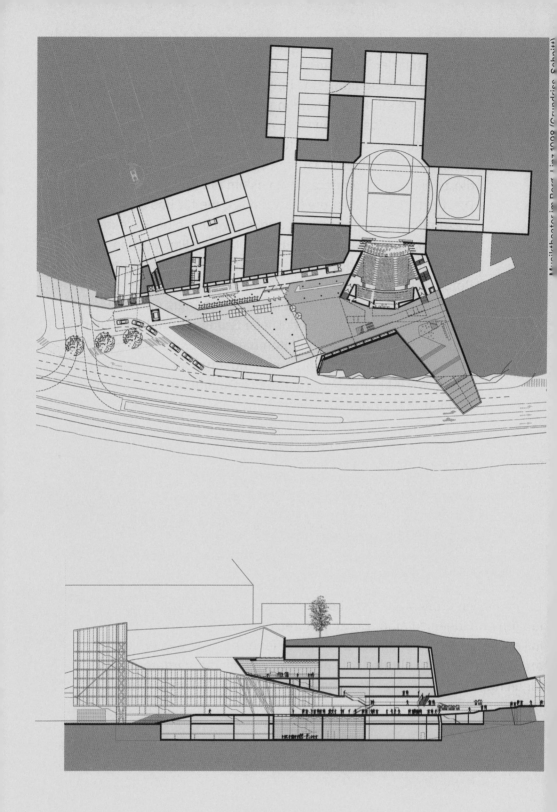

bürgerliche Villa im Wiener Cottage, erbaut Mitte der 20er-Jahre des 20. Jahrhunderts, die als Residenz der Norwegischen Botschaft genutzt wird. Es ging einerseits darum, das Haus den modernen Anforderungen an eine Botschaftsresidenz anzupassen und gleichzeitig ein gewisses »nordisches Lebensgefühl« einzubringen. Unsere Idee war, die Beletage, die bislang die repräsentative Fläche für die Empfänge war, mit dem Garten in Verbindung zu bringen. Gleich nach dem Betreten des Hauses soll man nicht nur den schönen Blick in den Garten erleben, sondern über das verspiegelte Treppenhaus hinuntergezogen werden in die Gartenebene, wo sich auch der neue Speisesaal für Einladungen befindet.

AB　　　　Das Projekt weist eine starke Bezugnahme zu dem Bild von Marcel Duchamp »Akt, eine Treppe herabsteigend Nr. 2« (franz.: Nu descendant un escalier no. 2) auf. Genau wie im Bild von Duchamp steckt die Idee eigentlich schon in der Dekonstruktion der Bewegung der Figur, die sich facettenartig in einer zeitlichen Simultanität die Stiege hinunterbewegt. Ein Sinnbild dieser formalisierten Lebensform des Bürgertums des 19. Jahrhunderts, die in dieser Bewegung gleichzeitig sich öffnet und eine gewisse Zweideutigkeit erhält. Genau diese Bewegung spiegeln wir in dem Fall ziemlich direkt in der Stiegenbewegung wider, die dann in der Gegenbewegung der Raumschale des Speisesaals, die sich fächerartig zum Garten hinbewegt, endet. Diese vollkommene Öffnung am Ende der Bewegung sehen wir als Spiegel unserer modernen Lebensvorstellung. Auch ein formales Dinner hat heute eine andere Konnotation als vor hundert Jahren. In dem Sinne ist das Projekt im übertragenen Sinn eine Spiegelung über Wien, die damalige Kultur im Vergleich zur heutigen Kultur.

HL　　　　Du hast jetzt schon direkt Marcel Duchamp angesprochen. Ich frage trotzdem noch einmal nach der Wichtigkeit von Kunst. Architektur und Kunst haben oft ähnliche Themen oder Konzeptionen. Wie weit spielt die Kunst für eure Projekte eine Rolle?

AB　　　　Sicher sehr gelebt! Allein schon, dass du als Künstler heute bei diesem Gespräch mit uns bist, zeigt ja diese gelebte Bezugnahme. In Berlin zum Beispiel, zu der Zeit, als wir das Kupferband konzipiert haben, war der Reichstag verhüllt von Christo. Diese Kunstaktion war natürlich sehr bedeutend für uns, aber auch für die Rezeption unseres Projektes durch die Jury und die Bauherren, weil es geholfen hat, unsere Idee zu verstehen und dass es bei dem Kupferband nicht um eine neue Berliner Mauer geht, sondern um eine Verhüllung.

HL   Ganz klar. Eure Arbeit ist ja sehr künstlerisch-konzeptionell durchzogen. Ihr habt auch für eine ganze Reihe von Ausstellungen die Architektur und Displays konzipiert, in denen ihr sehr direkt mit künstlerischen Arbeiten und Strategien zu tun hattet. Kunst und Architektur bilden natürlich eine diffundierende Atmosphäre. Das Kupferband in Berlin ist eine ganz schöne Metapher: Einerseits verdeckt und riegelt es ab, andererseits ist es aber auch transparent und durchlässig.

TP   Du hast dich ja auch mehr damit beschäftigt. Wir besitzen sogar ein Bild von dir, wo du unser Kupferband gemalt hast.

AS   Im Jahr 1998 habt ihr für euren Wettbewerb <u>Musiktheater Linz</u> den 3. Preis bekommen. Ein großartiges Projekt, das sich dem Thema Kultur und Landschaft in besonderer Weise annähert. Sofort denkt man an die Land-Art-Projekte, große Stollenprojekte, Tropfsteinhöhlen und märchenhafte Orte, die im Berg versteckt sind. Hier entwickeln sich Assoziationen zu wunderbaren Märchenwelten, wo Menschen durch Eingänge in verwunschene und/oder verzauberte Orte gelangen. Die Kunst und die Musik werden oft in den Bereich des »Besonderen« verwiesen, wo das Alltägliche durch das Künstlerische überformt wird. Das Narrative des Zauberbergs wird von euch neu interpretiert. Ihr selbst verwendet hierfür gerne den Vergleich mit dem Eisberg. Wie kommt das?

68–73

TP   Die Aufgabe ist sehr speziell, etwas in einen Berg zu bauen. Es ist eine tolle Aufgabe, da man die ganze Konzentration auf die Entwicklung des Raumes fokussieren kann, weil man dem Baukörper nicht eine Form geben muss und auch die Gestaltung der Fassaden keine wesentliche Rolle spielt. Gerade bei dem Projekt für das Musiktheater in Linz haben wir uns sehr stark mit dem Raumerlebnis und der Atmosphäre auseinandergesetzt. Wie man das Hineintreten in den Berg erlebt und wie man sich dann weiter fortbewegt in diesem dynamischen Raum im Berg. Hierbei haben wir, glaube ich, Ideen entwickelt, die wir dann später in anderen Projekten, wie zum Beispiel in Salzburg in dem Projekt vom Stadtwerk Life Sciences Campus, weitergeführt haben.

AS   Ich würde gerne noch einmal auf das Thema Topos und Typus zurückkommen. Wir haben von den verschiedenen architektonischen Ideen gesprochen, von den Verdichtungen und dem Versuch, die funktionalen Anforderungen neu zu definieren.
Mit den Begriffen Topos und Typus könnte man sich dem Projekt
<u>Fachhochschule Hagenberg</u> am ehesten annähern. Ein Entwurf in   62–69
der Landschaft, an einem besonderen Ort, gleichzeitig eine Referenz an die traditionellen Bauformen. Welche Parameter waren für euch wichtig, um diesen »Campus« der Fachhochschule in Hagenberg zu gestalten und den Ort neu zu interpretieren? Und weiter, welche Qualitäten waren für euch besonders relevant im Zusammenhang mit einem Bauwerk für die Bildung?

TP   Heute ist Hagenberg bekannt als ein Technologiecluster. Als wir bei diesem Wettbewerb eingeladen wurden und zum ersten Mal den Ort besuchten, hatte diese Entwicklung gerade erst begonnen. Es war eine sehr zersiedelte Gemeinde und das Zentrum vom Aussterben bedroht. Der Bauplatz selbst war eine steile Wiese, oberhalb entstanden die ersten Gebäude des Technologieclusters, und unterhalb lag der alte Ortskern. Wir haben unsere Aufgabe auch darin gesehen, das studentische Leben mit dem der »Einheimischen« zu verbinden, und haben das Hochschulgebäude als eine Art »Missing Link« konzipiert. Der Weg führt einfach über das Gebäude und verbindet so den Campus und die Studentenheime mit dem Ortskern und schafft gleichzeitig ein neues Zentrum in Form dieses erhöhten Platzes, wo sich das gemeinsame Leben der sich verändernden Hagenberg Community abspielt. Es war uns sehr wichtig, diese neue Identität für den Ort zu schaffen und gleichzeitig das Verankern des Bauwerks mit dem Ort. Deshalb haben wir

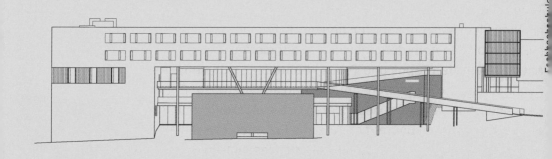

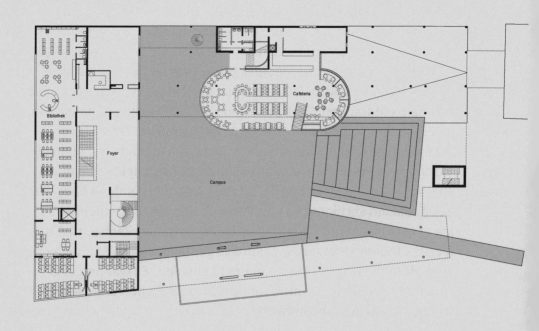

etwas genommen, das es dort schon lange gibt, nämlich einen Vier-
kanthof, haben ihn vom Boden hochgehoben, sodass er über dem
Campus schwebt und der Hof in der Mitte zur Landschaft offen ist.

AB   Bei dem Projekt taucht erstmals etwas auf, das sich
später dann sehr stark zu einem durchgehenden Thema in unserer
Arbeit entwickelt hat: die vertikale Schichtung. Durch die Hanglage
war es möglich, die Geschosse untypisch zu ordnen. So kommt
hier das Eingangsgeschoss in die Mitte, ausgestattet nur mit öffentlichen Räumen und dem offenen Platz. Daruntergelegt die Fahr-
zeugebene, die unter dem Platz verschwindet. Erst im zweiten
Untergeschoss findet sich die Hörsaalebene. Dieses Tiefgeschoss
bricht aus dem abfallenden Hang hervor. Die aufragenden Hörsäle
wachsen aus dem Hang bis zur Platzebene hinauf. Die Ebenen
durchmischen sich, und über dem Ganzen schwebt ringförmig der
eigentliche Leistungsgrundriss, in dem der Großteil der Räume
untergebracht ist.
Um auf die Frage zurückzukommen, was ein Bildungsgebäude bieten
soll: Kommunikation! Das zieht sich später auch im Entwurf für
die Paracelsus-Uni weiter. Für uns ist das Thema der internen Kommunikation immer wichtiger, und es entwickelt sich zu einem
eigenen Leitthema in all diesen Projekten. Wie kann man das soziale
Interagieren der Menschen im Gebäude anregen? Bei der FH-
Hagenberg konnte dieses Thema noch wesentlich weiter gefasst
werden, indem der Neubau einen sozialen Fokus für die nähere
Umgebung ausbilden konnte. Das sind Dinge, die das Raumprogramm
im Wettbewerb nicht vorgibt, wo wir aber durch unsere Arbeit
einem Projekt einen Mehrwert geben, der nicht mehr kostet, aber
am Ende für alle viel mehr bietet.

HL   Einerseits finde ich, der Umgang mit sozialen Kontexten
und Anliegen lässt sich in Hagenberg mit dem umbauten Platz
stark ablesen. Was ich aber als verbindendes und beeindruckendes
Element in allen euren Bauten sehe, ist, ihr schafft in eurer Architektur ein Gefühl von Gleichzeitigkeit, indem ihr auf die traditionelle
Architektur der Umgebung und auf die Landschaft reagiert und die
Baukörper ganz funktional und sachlich hineinsetzt. Diesen Umgang

mit Zeit finde ich eine Spezialität von Berger+Parkkinen. Was ihr in vielen eurer Bauten schafft, ist nicht eine modernistische kurzzeitige, sondern eine allgemeine unzeitige, aber trotzdem sehr gegenwarts- und zukunftsbezogene Architektur. Was mir auffällt, ist, dass viele eurer Bauten zeitlich nicht einzuordnen sind. Auch in Berlin fragt man sich, wenn man an dem Gebäudekomplex vorbeifährt, aus welcher Zeit er stammt. Man kann ihn zeitlich nicht konkret einstufen. Das finde ich eine sehr spezielle Qualität.

AB   Ich glaube, es geht in der Architektur immer um die Frage, für welchen Lebensentwurf wir den Rahmen bauen. Da Architektur langlebig ist, interessiert uns nicht nur, was heute neu ist, sondern wir bauen auf nachhaltigen und durchgängigen Aspekten auf. Architektur definiert das Rahmenwerk, in dem wir wohnen und arbeiten. Um eine Anpassung an spätere Bedürfnisse zu erleichtern, versuchen wir diesen Rahmen bei unseren Entwürfen zunehmend neutral und offen zu entwerfen und allzu konkrete Interpretationen von Nutzungsvorgaben in der Struktur zu vermeiden. Denn Gebäude, die sich mit der Zeit anpassen können und auch andere Nutzungen aufnehmen können, sind nach unserer Erfahrung wesentlich langlebiger.

AS   Meine vorletzte Frage diskutiert noch einmal den städtischen Raum. Die Projekte von Berger+Parkkinen reagieren sehr sensibel auf den urbanen Kontext. Im Fall der Nordischen Botschaften in Berlin wird der Bauplatz im Gefüge der Stadt neu verankert und wird zu einem neuen Orientierungspunkt in der Stadt. Auch das Paracelsusbad in Salzburg vervollständigt den urbanen Kontext mit einem maßstäblichen neuen Objekt mit eigenständiger Architektur. Der <u>Stadtwerk Life Sciences Campus</u> in Salzburg generiert eine   73–80
Neuinterpretation der Stadtlandschaft: Der urbane Raum erhält eine Partitur und wird neu formuliert. Was waren die wichtigsten Ideen für diesen Stadtentwurf?

TP   Wie Alfred schon erwähnt hat, ist Salzburg eine sehr dicht gebaute Stadt, in der man aber beim Durchschreiten immer interessante Sichtbezüge erlebt. Diese Sequenzen von Bögen,

Durchgängen und Arkaden, die die Altstadt von Salzburg so einzig-
artig machen und den öffentlichen Raum prägen, war etwas, das
wir in diesem neuen Wissenschaftscampus aufgegriffen und neu
interpretiert haben. Wir wollten einen öffentlichen Raum schaffen,
der eine starke eigene Identität hat, aber gleichzeitig verwurzelt
ist in der Tradition von Salzburg und der auch einen starken Bezug
zur Landschaft hat.

AB   Entscheidend im Entwurf für den Stadtwerk Life Sciences
Campus war das absolute Bekenntnis zum Erdgeschoss. Das Projekt baut auf dem Entwurf für die Fachhochschule Hagenberg auf.
Als oberster Layer wurde die vorhandene Struktur der Wohnbauten
und des Hochhauses mit sechs Nord-Süd gerichteten Volumen
komplettiert. Die ruhige Fortführung der vorhandenen städtebauli-
chen Strukturen ermöglicht die Herausarbeitung von vielfältigen
Situationen im Detail. Dazu wurde die Erdgeschossebene unabhängig von übergeordneten Baukörpern mit Bezug auf vorhandene
Wegbeziehungen aus dem alten Stadtwerk in der Diagonalen völlig
frei entwickelt. Wir haben die Auflage, das gesamte Areal mit
Garagierungen zu unterplatten, aufgegriffen und versucht, daraus
eine erlebbare Dimension zu machen, indem wir großzügige Atrien
nach unten geöffnet haben. Von unten, aus dem gewachsenen
Boden, wächst jetzt Bambus nach oben.

TP   Das Experiment, auf das wir uns eingelassen haben, war,
dass wir unabhängig voneinander Layers oder Ebenen entwickelt
haben, die jeweils für die Funktion oder für das, was wir intendieren,
am besten geeignet sind. Spannend bei dieser Art von Entwurfs-
prozess ist, dass wir immer wieder auch selbst über die Ergebnisse
überrascht sind.

HL   Ich würde euch gerne mit einem Satz von Robert Venturi
konfrontieren, der an dieser Stelle ganz gut passt. Er sagt: »I like
the hybrid more than the pure«, mit dem ich einerseits konkret auf
das Bad in Salzburg, aber andererseits auch allgemein auf
eure Bauten Bezug nehme. Wo seht ihr euch? Kann eine Situation,
die viele unterschiedliche Ansprüche hat, auch ein Gebäude

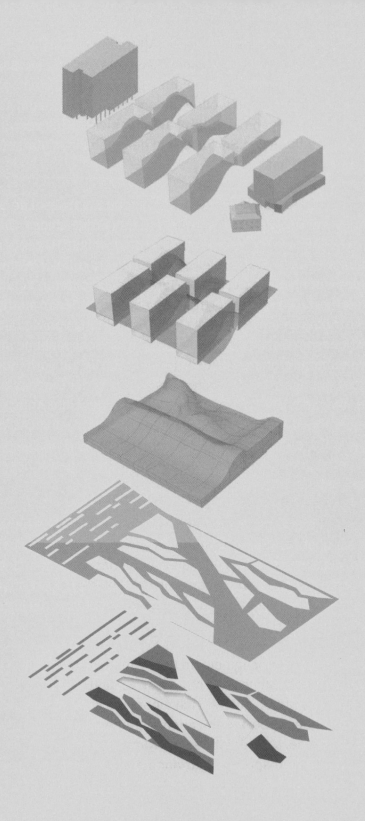

verbessern quasi durch die Ansprüche, die da sind? – Eine Situation, in der man die Entscheidungen nicht allein fällt, sondern soziale, funktionale und rechtliche Ansprüche die Entscheidungen beeinflussen. Bedeutet das eine Verschlechterung oder eine Verbesserung?

AB   Generell sind reine Formen ästhetisch leicht zu fassen, aber wir sind der Meinung, dass die Idee des Reinen sehr oft ausschließlich ist. Wir verfolgen eher Konzepte, die offen sind und einladend. Bei urbanen Situationen interessieren uns die Verwirbelungen und die kleinen Störungen, die unerwartete Möglichkeiten entstehen lassen.

HL   Wobei das manchmal auch sehr schön nebeneinander funktioniert, wie in Berlin. Da würde ich mal sagen, ist es doch sehr zeichenhaft. Die Verwirbelung, die innen stattfindet, zeigt sich in der Anordnung der Gebäude. Wenn man von Verwirbelung spricht, seid ihr es, die auch wieder Klarheit in dieser sozialen Verwirbelung herstellen.

AB   Absolut, es geht ja nicht darum, Komplexität zu zelebrieren oder ein Labyrinth zu bauen. Ganz im Gegenteil, wir bevorzugen klare Strukturen, klare Grundfiguren, aber es ist nicht das Ziel unserer Arbeit, diese präzisen Grundstrukturen so perfekt zu Ende zu bauen, bis alles in einer Struktur aufgeht. Im Gegenteil, um die gewünschte räumliche Qualität zu erreichen, sind die Störungen ebenso wichtig wie das System.
Bei der Betrachtung der gewachsenen Städte und Metropolen Europas ist zu erkennen, dass das einzelne Haus vollkommen überschätzt wird in seiner Bedeutung für die Qualität einer Stadt. Wenn wir durch die Stadt gehen, dann interessieren uns eigentlich die unteren fünf Meter, die Sockelzone. Was oberhalb geschieht, spielt nur eine untergeordnete Rolle in der Wahrnehmung. Wir registrieren das räumliche Aufweiten und Verengen, die Dynamik in der räumlichen Abfolge, Dichte und Atmosphäre, das sind wesentliche Faktoren für unsere Wahrnehmung.

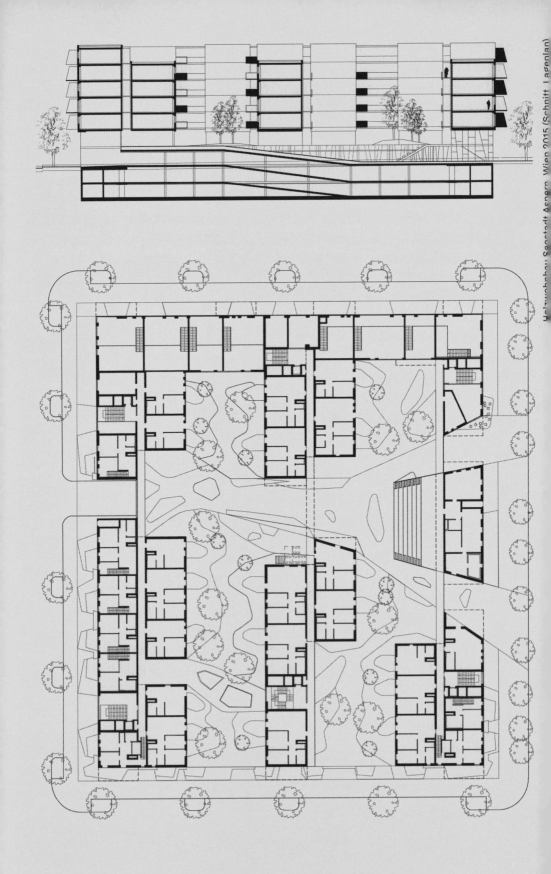

Holzwohnbau Seestadt Aspern, Wien 2015 (Schnitt, Lageplan)

AS   Von der sozialen Situation zum sozialen Wohnbau in
Wien: Das ist ein Thema mit einer ganz großen architektonischen
Tradition, die wichtigsten Architekten haben seit dem großen
Wohnbauprogramm der 1920er-Jahre in Wien sich zu diesem Thema
geäußert, von Adolf Loos, Josef Frank oder Roland Rainer, um nur
einige zu nennen. Die Herausforderung ist groß: Architektonische,
soziale und materialgerechte Qualitäten sind gefordert. Bei dem
Projekt für die <u>Seestadt Aspern</u> in Wien (gemeinsam mit dem Archi-   81–89
tektenteam querkraft) wurden neue Parameter von euch diskutiert.
Zum einen das Thema Material, im Sinne von Holz, Holzkonstruktio-
nen mit allen seinen Qualitäten, und zum anderen das Thema der
sozialen Aspekte im Wohnbau. Es gibt eine Vielzahl von »Zwischen-
zonen« und »Nutzungs-Optionen« für die Bewohner. Wie hat sich
dieser Planungsprozess für euch manifestiert?

TP   Bei dem Wohnbau in der Seestadt Aspern haben wir
auch wieder mit der vertikalen Schichtung gearbeitet. Zu der Zeit,
als wir den Wettbewerb machten, hatte man aus der Umgebung
nicht wirklich viele Anhaltspunkte, an denen man sich hätte orien-
tieren können. Es gab weder Gebäude noch Straßen in der Seestadt, nicht einmal exakte Höhenquoten der umliegenden Straßen
standen uns zur Verfügung. Es gab nur eine Strukturwidmung, die
eine Blockrandbebauung vorsah. Wir wollten nicht diesen strengen
Block machen. Dennoch wollten wir diese Qualität des Innenhofes
als das eigentliche soziale Zentrum des gesamten Wohnhauses
erreichen, wie wir es von Wohnbauten aus der Zwischenkriegszeit,
der Hochblüte des sozialen Wiener Wohnbaus, kennen. Wir haben
das Projekt als Holzwohnbau entwickelt: Die Häuser folgen der
Logik von traditionellen Holzhäusern mit einheitlichem Querschnitt,
weil sie wie eine Stange funktionieren, von der man dann unter-
schiedlich lange Stücke abschneiden kann und somit mit den Woh-
nungsgrößen sehr flexibel ist. Die Wohnungen werden über Lauben-
gänge erschlossen. Die Holzhäuser ruhen auf einem zweigeschossigen
Sockel. Nach außen hin bildet er einen Ring mit Geschäften und
doppelgeschossigen Atelierwohnungen. Nach innen entsteht die
Möglichkeit, im Hofbereich eine zweigeschossige Landschaft zu
bauen mit einer sozialen Mitte, dem Canyon, zur Kommunikation

und Spielfläche für die Bewohner und weiter oben auf dem Sockel mit mehr Privatheit die Terrassen und Gartenflächen der ebenerdigen Wohnungen.

HL   Hier möchte ich gleich mit der Frage anschließen, die auch wieder Berlin und Aspern betrifft. Beide Projekte schließen unterschiedliche Formen von Kollaboration mit ein. Worin seht ihr die Chancen oder die Schwierigkeiten in Kollaborationen mit anderen Architekturbüros, anderen Architektinnen und Architekten?

AB   Bei den Nordischen Botschaften gab es im Entwurf einen Punkt, wo wir erkannt haben, dass die fünf Botschaftsgebäude so klar definiert sind, dass es möglich ist, den nationalen Bauherren über die Gestaltung der Innenräume hinaus Autonomie in der Gestaltung ihrer einzelnen Häuser zu übertragen. Diese Möglichkeit hat natürlich den Ländern sehr gefallen. So haben wir nach einem komplexen Auswahlverfahren auf Basis eines von uns entwickelten Regelwerks fünf Länderarchitekten in das Projekt integriert. Dieser Prozess war unglaublich lehrreich für uns. Manchmal waren wir auch ein wenig besorgt, aber wir folgten unserer Idee, dass, wenn eine Stadt sehr gut geplant ist, es keine Katastrophe ist, wenn das eine oder andere Gebäude ein klein wenig die Regeln bricht. Wir hatten ohnedies sehr klare Regeln, und es haben sich eigentlich alle Teilnehmer dieser nationalen Wettbewerbe diesen unterge-ordnet. Wir haben das Glück gehabt, dass alle fünf Preisträger im weiteren Sinne ungefähr in unserem Alter waren, also alle recht jung. Einige davon zählen inzwischen zu den erfolgreichsten Büros der Welt. Wir treffen uns immer wieder auf diversen Architektur-kongressen, und es ist jedes Mal ein sehr schöner Moment, weil auch für die anderen das gemeinsame Bauen in Berlin ein sehr besonde-res Erlebnis war.
Eine andere Gelegenheit für eine Zusammenarbeit ergab sich in der Seestadt Aspern in Wien, wo wir mit querkraft architekten einen Holzwohnbau errichtet haben. Auch hier gab es einen sehr guten gemeinsamen Spirit. Aktuell arbeiten wir an einem Wohnprojekt am Rosenhügel in Wien mit Christoph Lechner und Aldric Beckmann aus Paris.

Diese Kooperationen sind immer wieder eine interessante Erfahrung, wo wir viel geben, aber auch viel mitnehmen. Für die Projekte bedeutet es ein erhöhtes kreatives Potenzial und somit gerade im Wohnbau auch mehr Potenzial für Qualität.

HL   Genau, ich hab noch eine Frage, die sehr allgemein ist. Es gibt in eurem Œuvre vier Typen von Gebäuden, die sich durch eure Biografien ziehen: Kulturbauten, Bildungsbauten, Wohnbauten und Sportbauten nicht zu vergessen. Gibt es da Präferenzen, eine besondere Zuneigung oder macht ihr alles gleich gern?

AB   Tiina und ich haben in der gleichen Meisterschule von Timo Penttilä an der Akademie der bildenden Künste in Wien studiert. Professor Penttilä hat in uns sehr früh die Begeisterung für Gebäude erweckt, in denen sich viele Menschen bewegen. Er selbst ist mit seinem Stadttheater berühmt geworden und hat auch Stadien gebaut. In den Korrekturen und den Besprechungen in der Akademie ging es sehr viel um übergeordnete Themen wie: große Menschenmengen in Veranstaltungsgebäuden und die Wegführung durch Gebäude. Bei Kulturbauten, Arenen oder Stadien ist eine organisierte Bewegung der Menschen ein entscheidendes Kriterium für den Entwurf. Dieses Orchestrieren solcher Bewegungen ist für uns einfach ein wahnsinnig interessantes Planungsgebiet, das auch in unsere Art, Städtebau zu sehen, hineinspielt. Wenn wir uns in die Bewegungsströme und Abläufe hineindenken, ergeben sich gezielte Blickrichtungen und Perspektiven. Dafür kann man sich eine Abfolge denken, wie das bei Le Corbusier zu sehen ist, der mit Zeichnungen illustrierte, wie man den Raum sukzessive beim Durchschreiten erlebt. Diese Idee einer nicht fixen Perspektive, sondern eines bewegten Standpunktes haben wir mit diesen Entwurfsthemen für uns entwickelt.

Werkverzeichnis
(Auswahl)

Paracelsusbad
Badehaus und Kurhaus
Salzburg, Österreich 2012–2019
Offener Wettbewerb, ① Preis
Bauherr: Stadt Salzburg KKTB
Bauherrenvertretung: SIG Stadt
Salzburg Immobilien, Betrei-
ber: TSG Tourismus Salzburg
BGF: 17.200 m²

Paracelsus Medizinische Privat-
universität, Haus D
Salzburg, Österreich 2016–2018
Bauherr: Paracelsus
Medizinische Privatuniversität,
Salzburg; BGF: 4.460 m²

Stadtvilla PH35
Wien-Pötzleinsdorf, Österreich
2014–2018
Geladener Wettbewerb, ① Preis
Projektrealisierung: PH35 real
estate, Wien; BGF: 1.500 m²

Wohnbau YPSILON
Ljubljana, Slowenien 2009–2018
Geladener Wettbewerb, ① Preis
Bauherr: Immorent Ljubljana,
Slowenien; BGF: 10.300 m²

Wohnprojekt »Der Rosenhügel«
gemeinsam mit Christoph
Lechner & Partner
Wien, Österreich 2014–2017
Geladener Wettbewerb, ① Preis
Bauherr: Rosenhügel Entwick-
lungs-, Errichtungs- & Verwer-
tungsgesellschaft vertreten
durch Strauss & Partner und
Immovate, Wien; BGF: 23.100 m²

Wohnhochhaus Dresdnerstraße
Wien, Österreich 2016
Geladener Wettbewerb, ③ Preis

Holzwohnbau Seestadt Aspern
gemeinsam mit querkraft
architekten
Wien/Aspern, Österreich
2011–2015
Offener Wettbewerb, ① Preis
Bauherr: EBG, Wien
BGF: 19.600 m² oberirdisch
und 17.000 m² unterirdisch

STADTWERK Life Sciences Campus
Gebäudekomplex mit vier
Bauteilen

Salzburg, Österreich 2007–2015
Geladener Wettbewerb, ① Preis
Projektrealisierung: PRISMA,
Salzburg; BGF: 17.961 m²
oberirdisch und 18.700 m²
unterirdisch

Austro Control Tower
Verwaltungsgebäude
Wien, Österreich 2014
Geladener Wettbewerb, Ankauf

adidas World of Sports –
Offices West
Herzogenaurach, Deutschland
2014
Geladener Wettbewerb, Ankauf

Paracelsus Medizinische
Privatuniversität
Salzburg, Österreich 2012–2013
Geladener Wettbewerb, ① Preis
Bauherr: Paracelsus Medizini-
sche Privatuniversität,
Salzburg; BGF: 8.400 m²

Areal Hotel InterContinental
Vienna/ Eislaufverein/Konzerthaus
Wien, Österreich 2013
Geladener Wettbewerb

Regierungsgebäude Doha
Qatar, 2013
Geladener Wettbewerb, Finalist

Gut Guggenthal
Wohnbebauung über Salzburg
Guggenthal, Salzburg 2013
Geladener Wettbewerb, ② Preis

Fußballakademie RB Leipzig
Trainingszentrum mit Internat
für Nachwuchssportler
Leipzig, Deutschland 2013
Geladener Wettbewerb, ① Preis

Bildungscampus Hauptbahnhof
Wien
Bildungscampus für Kinder und
Jugendliche; Wien, Österreich
2012; Offener Wettbewerb

Eissportzentrum Wien
Wien, Österreich 2008–2011
Bauherr: Eissport Errichtungs-,
Betriebs- und Management
GmbH, Wien; BGF: 40.440 m²

Fachhochschule Gießen-Friedberg
Gießen, Deutschland 2010
Geladener Wettbewerb

Merkurgründe
Wohnbau am Hang
Linz, Österreich 2010
Geladener Wettbewerb
MED CAMPUS Graz
Graz, Österreich 2009
Offener Wettbewerb
ÖBB Tower
Konzernzentrale für die Öster-
reichischen Bundesbahnen
Wien, Österreich 2009
Offener Wettbewerb
Geriatriezentrum Donaustadt
Wien, Österreich 2009
Offener Wettbewerb, Ankauf
Wohnbau Silbergasse
Stadtvilla
Wien, Österreich 2006–2009
Geladener Wettbewerb, ① Preis
Bauherr: IMMORENT, Wien
BGF: 1.800 m²
Grabenweg/Griesauweg
Büros, Hotel, Kindergarten,
Lebensmitteleinzelhandel
Innsbruck, Österreich 2008
Geladener Wettbewerb, ② Preis
Nouveau Parlement Lausanne
Neubau eines Parlaments
Lausanne, Schweiz 2008
Geladener Wettbewerb, ⑤ Preis
Seniorenwohnhaus Hallein
Hallein, Österreich 2008
Geladener Wettbewerb, ③ Preis
Boulogne-Billancourt, B4
Büros, Wohnungen und Kirche
Paris, Frankreich 2008
Geladener Wettbewerb, Ankauf
Wirtschaftsuniversität Wien
Wien, Österreich 2008
Offener Wettbewerb, ② Preis
Krankenanstalt Rudolfstiftung
Erweiterung
Wien, Österreich 2007
Geladener Wettbewerb, ③ Preis
vorarlberg museum
Bregenz, Österreich 2007
Geladener Wettbewerb, Ankauf
Festspielhaus Erl
Theater für Passionsspiele
Erl, Österreich 2007
Geladener Wettbewerb, Ankauf

Parkensemble Barmbeck
Städtebauliches Konzept,
Wohnbau, Büros
Hamburg, Deutschland 2007
Geladener Wettbewerb
Messehaus Wels
Wels, Österreich 2007
Geladener Wettbewerb, Ankauf
Residenz der Königlich Norwegi-
schen Botschaft
Wien, Österreich 2004–2007
Bauherr: Statsbygg, Norwegen
BGF: 750 m²
Hotel »Landsberger Allee«
Berlin, Deutschland 2006
Geladener Wettbewerb
Maison des Civilisations et de
l'Unitè Réunionnaise
Museum für Geschichte und
Zivilisation
La Réunion, Frankreich 2006
Geladener Wettbewerb, ③ Preis
Theâtre Le Fanal
Theater am alten Bahn-Quai
Saint-Nazaire, Frankreich 2006
Geladener Wettbewerb, ② Preis
FRONIUS Wels
Konzernzentrale
Wels, Österreich 2006
Geladener Wettbewerb
KAUF HAUS TYROL
Innsbruck, Österreich 2006
Zuladung zum offenen Wett-
bewerb
Überseequartier Hafen-City
Umbau und Erweiterung Gast-
ronomie- und Freizeitbereich
Hamburg, Deutschland 2006
Geladener Wettbewerb
Jabal Omar Development
Städtebauliches Entwicklungs-
konzept
Mekka, Saudi-Arabien 2006
Geladener Wettbewerb
Hofburg
Innenraumgestaltung der
Präsidentschaftskanzlei
Wien, Österreich 2005
Geladener Wettbewerb, ② Preis

Zentralbibliothek am Domplatz
Hamburg
Bibliothek mit Museum für
Archäologie, Bürgerforum und
Wohnungen
Hamburg, Deutschland 2005
Geladener Wettbewerb

Hotel U2
Prater-Wien, Österreich 2005
Geladener Wettbewerb, ② Preis

Fachhochschule Hagenberg
Hagenberg, Österreich
2002–2005
Geladener Wettbewerb, ① Preis
Bauherr: FH OÖ Immobilien,
Wels; BGF: 12.700 m²

Villa V6
Wien, Österreich 2002–2005
BGF: 600 m²

Bürohochhaus U2
Wien, Österreich 2004
Geladener Wettbewerb

Meeresmuseum Finnland
Kotka, Finnland 2004
Offener Wettbewerb
Île Seguin – Façade enveloppe
Fassadengestaltung
Paris, Frankreich 2004
Geladener Wettbewerb

British Council Austria
Wien, Österreich 2003–2004
Geladener Wettbewerb, ① Preis
Bauherr: British Council, Wien
BGF: 460 m² mit 310 m² Garten

GESIBA Vorgartenstraße »Nord«
Wohnbau
Wien, Österreich 2003
Geladener Wettbewerb

SchauPlatzKagran
Städtbaulicher Masterplan,
Wohnbau
Wien, Österreich 2003
Geladener Wettbewerb

Kindertagesheim
Wien, Österreich 2003
Geladener Wettbewerb, ② Preis

Porte Jeune
Neustrukturierung des Viertels
Porte Jeune
Mulhouse, Frankreich 2003
Geladener Wettbewerb, ② Preis

Complexe Culturel et Administratif
Musiktheater, Büros
Montreal, Kanada 2002
Geladener Wettbewerb

Albatros, Office Park
Wien, Österreich 2002
Geladener Wettbewerb

Bavaria Gelände St. Pauli
Büro, Wohnen, Gastronomie,
Gewerbe, Theater
Hamburg, Deutschland 2002
Geladener Wettbewerb, Ankauf

DONNA GIL Shops
Gestaltungskonzept
Österreich, 2002
Geladener Wettbewerb, ① Preis

Friedrichstraßen-BOGEN
Bürogebäude
Berlin-Mitte, Deutschland 2001
Geladener Wettbewerb, ② Preis

Haus Johansson
Villa und Privatmuseum
Båstad, Schweden 2001; Projekt

Tower 24
Bürohochhaus; Frankfurt/Main,
Deutschland 2001
Geladener Wettbewerb, Ankauf

Arbeiten am See
Bürohaus und Hotel am
Messesee; München-Riem,
Deutschland 2001
Geladener Wettbewerb, ② Preis

BTV Stadtforum
Bank- und Bürogebäude
Innsbruck, Österreich 2001
Offener Wettbewerb

Bürohaus Zurich Versicherung
Wien, Österreich 2001
Geladener Wettbewerb, ② Preis

Eröffnungsausstellung
»Eine Barocke Party«
KUNSTHALLE Wien,
Österreich 2001
Ausstellungsarchitektur

Bahnhofszentrum Hamburg Altona
Bahnhofzentrums mit Handel,
Gastronomie, Büros und
Parkhaus
Hamburg, Deutschland 2001
Geladener Wettbewerb, ① Preis

Zentrale Nokia Austria
  Twin Towers – Wien,
  Österreich 2000–2001
  Bauherr: Nokia Austria
  BGF: 2.100 m²
ONE Lounge Wien
  Präsentations- und Verkaufs-
  raum eines Mobilfunkbetreibers
  Wien, Österreich 2000; Studie
Ponte Parodi
  Schiffsterminal, Kultur-,
  Geschäfts- und Freizeiteinrich-
  tungen; Genua, Italien 2000
  Geladener Wettbewerb, Ankauf
Kongresspark Salzburg
  Landschaftgestaltung
  Salzburg, Österreich 2000
  Geladener Wettbewerb, ② Preis
*NORDEN Zeitgenössische Kunst
aus Nordeuropa*
  Ausstellungsarchitektur
  KUNSTHALLE Wien, Österreich
  2000
Science Center Wolfsburg
  Ausstellungsgebäude
  Wolfsburg, Deutschland 2000
  Geladener Wettbewerb
ICE Bahnhof Köln-Deutz/Messe
  Umsteigebahnhof mit Büros
  und Hotel
  Köln, Deutschland 2000
  Geladener Wettbewerb
Justizzentrum Leoben
  Leoben, Österreich 2000
  Geladener Wettbewerb, ③ Preis
Music Centre Helsinki
  Konzerthaus, Musikbibliothek
  und Sibeliusakademie
  Helsinki, Finnland 1999
  Offener Wettbewerb
Urnenhain Linz
  Krematorium und Friedhof
  Linz, Österreich 1999
  Geladener Wettbewerb
*Akademie der bildenden Künste
Wien*
  Umbau und Erweiterung der
  Architekturfakultät
  Wien, Österreich 1997–1999
  Bauherr: Bundesbaudirektion,
  Wien; BGF: 1.600 m²

Botschaften der Nordischen Länder
  Botschaftskomplex und Ge-
  meinschaftshaus »Felleshus«
  Berlin-Tiergarten, Deutschland
  1995–1999
  Offener Wettbewerb, ① Preis
  Bauherr: Außenministerien der
  fünf nordischen Länder
  BGF: 17.900 m²
Museum am Mönchsberg
  Salzburg, Österreich 1998
  Offener Wettbewerb
MUMUT Graz
  Haus für Musik und Musiktheater
  Graz, Österreich 1998
  Offener Wettbewerb, ④ Preis
Zentralbibliothek und Geschäftshaus
  Turku, Finnland 1998
  Offener Wettbewerb
Musiktheater im Berg
  Opernhaus und Musiktheater
  im Linzer Schlossberg
  Linz, Österreich 1998
  Offener Wettbewerb, ③ Preis
Bahnhofsüberdachung Helsinki
  Helsinki, Finnland 1995
  Offener Wettbewerb

Team
Berger+Parkkinen
Architekten
1995–2017

A   Ambos Christian
B   Bachl Matthias
     Bachmann Sebastian
     Bachul Damian
     Bartková Darina
     Bechetoille Soizik
     Berger Henrik
     Berger Lola
     Bischofter Ferdinand
     Bresciano Giuseppe
C   Ciliberti Alessio
     Coreth Leonhard
D   Deri Miklos
     Dick Ludwig
     Dietrich Margarete
     Draxl Ines
     Dunaj Milos
     Durdica Srdanovic Glavina
E   Engstler Martin
F   Fischbeck Sebastian
     Fleischhauer Sören
G   Ganea Serban
     Garcia Demian
     Gecys Jurgis
     Germani Diego
     Glatzner Wolfgang
     Guerrier Guillaume
     Gulinska Anna
H   Haduch Bartosz
     Haid Christian
     Hernando Israel
     Hofer Regina
     Hofer Susanne
     Holleis Helmut
     Hudoletnjak Silvija
     Hyvämäki Elina
J   Jussel Eva
K   Kögl Antonia
     Kocevar Tanja
     Kohlhaas Yvonne
     Kozin Jure
     Kräutler Walter
     Kremer Sven
     Kuroda Ken
L   Laiho Antti
     Lassota Jeanette
M   Manser Rahel
     Marino Ariana
     Mascha Elena
     Masternak Marta
     Mattitsch Kilian

     Minkus Felix
     Munz Philipp
N   Najvarová Lucie
     Nizic Ines
     Nogel Katharina
     Nuding Marc
     Nungesser Hansjörg
O   Osterwinter Thomas
     Otti Luisa
P   Paintner Mario
     Pirker Thomas
     Pelliccioni Emanuele
     Petri Hans Peter
     Pezzini Ilaria
     Pretterhofer Heidi
     Possenti Chiara
R   Rehab Nicola
     Rehorova Martina
     Rehortova Veronika
     Rückerl Lukas
S   Sancho Andrés Javier
     Saporiti Valentina
     Satora Radek
     Sattler Kurt
     Sawicki Andrzej
     Schendl Katharina
     Schlegel Christof
     Schlögl Gabriele
     Schneider Robert
     Scholten Jasmin
     Schöning Andrea
     Schuh Lucas
     Seeger Almut Helena
     Sent Stefanie
     Shimamura Noriko
     Sommer Cordula
     Steiner Susanne
     Stix Barbara
     Strobach Susanne
     Stützle Nick
     Suchanek Milan
     Szekely Stefan
T   Talasova Zuzana
     Tendero Sierra Isabel
     Thalbauer Peter
     Trebotic Frane Matthias
U   Unterfrauner Günther
V   Vjesticová Marijana
Z   Zdenkovic Ivan
     Zabini Carina

Autoren

Francisco Barrachina Pastor

Geboren 1977 in Castellón de la Plana, Spanien. Architekt, Theoretiker und Autor. Er studierte Architektur an der Nationalen Architekturschule Paris-Malaquais und erwarb einen Masterabschluss in Archäologie an der Pariser Sorbonne und in Kunstgeschichte an der Universität von Valencia. Als Architekt ist er mit zahlreichen internationalen Büros in Paris, Wien und New York verbunden; dort unterstützte er den Künstler Vito Acconci bei der Umsetzung mehrerer Kunstprojekte im öffentlichen Raum. Barrachina Pastor arbeitet regelmäßig für diverse Entwicklungsprojekte und -organisationen, die sich der Erhaltung und Pflege des architektonischen Erbes in Ländern wie Tunesien, Bosnien und Herzegowina sowie Haiti widmen. Aufsätze von ihm erscheinen in französischen und spanischen Fachzeitschriften. Barrachina Pastor lebt in Berlin als Architekt und Forscher auf dem Gebiet der Architekturtheorie an der Technischen Universität Berlin.

August Sarnitz

Geboren 1965 in Innsbruck, Österreich. Architekt und Professor für Architekturgeschichte am Institut für Kunst und Architektur an der Akademie der bildenden Künste Wien. Architekturstudium an der Akademie der bildenden Künste Wien, Postgraduate Studium am Massachusetts Institute of Technology (MIT), Cambridge, USA. Gastprofessor an der UCLA – Los Angeles und Rhode Island School of Design, Providence, USA. Kurator von Architekturausstellungen, Vorträge in Europa, den USA und Lateinamerika mit Schwerpunkt österreichische Architektur. Zahlreiche Veröffentlichungen und Buchpublikationen, u. a.: Architektur Wien: 700 Bauten (2007), Wien – Neue Architektur 1975–2005 (2003), Architekturführer Wien: 500 Bauten (1998) sowie Monografien über R. M. Schindler (1986), Lois Welzenbacher (1988), Ernst Lichtblau (1994), Ernst A. Plischke (2003), Adolf Loos (2003), Otto Wagner (2004), Josef Hoffmann (2007) und Ludwig Wittgenstein (2011). Lebt und arbeitet in Wien.

Hubert Lobnig

Geboren 1962 in Völkermarkt, Österreich. Künstler; Professor für Bildende Kunst/Künstlerische Praxis an der Kunstuniversität Linz. Studium an der Hochschule für angewandte Kunst in Wien. Schwerpunkte der künstlerischen Arbeit: Malerei, Zeichnung, Video, Fotografie sowie kontext- und ortsbezogene Projekte und Installationen im öffentlichen Raum (oft gemeinsam mit Iris Andraschek). Gründung von Tigerpark, einer Plattform für künstlerische und kuratorische Projekte. Zahlreiche Ausstellungen im In- und Ausland, diverse Publikationen. Mitglied der NGBK Berlin (Neue Gesellschaft für bildende Kunst) und der Wiener Secession. Lebt und arbeitet in Wien und Mödring (Niederösterreich).

Impressum

Herausgeber: August Sarnitz, A-Wien
Essay: Francisco Barrachina Pastor, D-Berlin

Redaktion: Eva Jussel, A-Wien
Berger+Parkkinen Architekten:
Alfred Berger, Tiina Parkkinen, www.berger-parkkinen.com
Susanne Hofer, Silvija Hudoletnjak (Transkription Interview), Lenia Mascha, Lucie Najvarova, Veronika Rehortova

Korrektorat: Monika Paff, D-Langenfeld
Übersetzung aus dem Englischen:
Christian Rochow, D-Berlin
Acquisitions Editor: David Marold, Birkhäuser Verlag, A-Wien
Project and Production Management:
Angelika Heller, Birkhäuser Verlag, A-Wien
Layout, Covergestaltung und Satz:
Enrico Bravi, A-Wien
Druck: gugler* print, A-Melk/Donau
Bildbearbeitung: pixelstorm, A-Wien
Schrift: Ehrhardt Pro, Dia
Papier: Phoenix Motion Xenon, Olin Regular

Library of Congress Cataloging-in-Publication data
A CIP catalog record for this book has been applied for at the Library of Congress.

Bibliografische Information der Deutschen Nationalbibliothek
Die Deutsche Nationalbibliothek verzeichnet diese Publikation in der Deutschen Nationalbibliografie; detaillierte bibliografische Daten sind im Internet über http://dnb.dnb.de abrufbar.

Dieses Buch ist auch als E-Book (ISBN PDF 978-3-0356-1069-7) sowie in englischer Sprache erschienen (ISBN 978-3-0356-1200-4).

© 2017 Birkhäuser Verlag GmbH, Basel
Postfach 44, 4009 Basel, Schweiz

Ein Unternehmen von Walter de Gruyter GmbH, Berlin/Boston
© Rechte für alle Fotografien, Pläne, Zeichnungen und Renderings bei Berger+Parkkinen Architekten, außer anders angeführt.

Credits:
ullstein bild – Christian Bach: S. 2, 143 (Nordische Botschaften, Tag der offenen Tür, Berlin, 23. Oktober 1999); Daniel Hawelka, Linz: S. 87; Philipp Horak (Portrait), Wien: S. 108; Hertha Hurnaus, Wien: S. 79, 83, 84, 88, 89; Isochrom (rendering), Wien: S. 14, 101; Moretti (rendering), Wien: S. 97; Michael Nagl, Wien: S. 48, 52; skannwas (rendering), Lissabon: S. 98, 107; Christian Richters, Berlin: S. 33, 37–47; Luftbild Schneider, Berlin: S. 34; Gerald Zugmann, Wien: S. 55–69.

Seite 120 © Succession Marcel Duchamp/Bildrecht, Wien, 2017, Foto: © Philadelphia Museum of Art, The Louise and Walter Arensberg Collection, 1950-134-59.

Printed on acid-free paper produced from chlorine-free pulp. TCF ∞
Printed in Austria

ISBN 978-3-0356-1199-1

9 8 7 6 5 4 3 2 1
www.birkhauser.com